Sibylle Hirth-Schaudt

Das kreative Kunst-Portfolio für die Grundschule

Themenzentriert unterrichten – Lernwege dokumentieren

1./2. Klasse

Mein besonderer Dank gilt den Schulen, Klassen und Kolleginnen, die bei der Erprobung der Unterrichtseinheiten so engagiert mitgewirkt und Schülerarbeiten sowie Fotomaterial zur Verfügung gestellt haben:
Grundschule im Ländlichen Schulzentrum Amtzell, Katharina Zefert und Klasse 2b (Entdeckungsreise im Reich der Farben), Grund- und Hauptschule Deggenhausertal, Doris Bosch und Klasse 1 und 2 (Buchstaben einmal anders) Grundschule Schillerschule, Tettnang, Gertrud Heinrich und Klasse 2 (Viereck, Dreieck, Kreis …)

Sibylle Hirth-Schaudt

Gedruckt auf umweltbewusst gefertigtem, chlorfrei gebleichtem
und alterungsbeständigem Papier.

1. Auflage 2010
Nach den seit 2006 amtlich gültigen Regelungen der deutschen Rechtschreibung
© by Brigg Pädagogik Verlag GmbH, Augsburg
Alle Rechte vorbehalten.
Das Werk und seine Teile sind urheberrechtlich geschützt. Jede Nutzung in anderen als den gesetzlich zugelassenen Fällen bedarf der vorherigen schriftlichen Einwilligung des Verlages.
Hinweis zu § 52a UrhG: Weder das Werk noch seine Teile dürfen ohne eine solche Einwilligung eingescannt und in ein Netzwerk eingestellt werden. Dies gilt auch für Intranets von Schulen und sonstigen Bildungseinrichtungen.

ISBN 978-3-87101-511-3   www.brigg-paedagogik.de

Inhalt

Teil A: Einführung ... 4

Vorbemerkungen zur kunstdidaktischen Konzeption in der Eingangsstufe ... 4
- Themenzentriertes Vorgehen im Kunstunterricht ... 4
- Öffnung des Unterrichtes durch freie Arbeitsformen ... 4
- Daraus wird ein Buch – Portfolios im Kunstunterricht ... 5
- Die Begegnung mit Kunstwerken ... 6

Teil B: Themenzentrierte Vorhaben ... 7

1 Auf Entdeckungsreise im Reich der Farben ... 7

- Mindmap zum Vorhaben ... 8
- Kunstdidaktische Inhalte und Ziele ... 9
- Praxisblock: Unterrichtsschritte ... 11
  - Phase 1: Mein Deckfarbenkasten ... 11
  - Phase 2: So viele Farben! Wie viele Farben? ... 13
  - Phase 3: Farben suchen – Sensibilisierung für verschiedene Farbnuancen ... 15
  - Phase 4: „Maldiktat": Eine großflächige Gruppenarbeit mit Schultemperafarben ... 15
  - Phase 5: Kunstbetrachtung: W. Kandinsky, „Komposition VII" ... 18
  - Phase 6: „Die Farbenhexe kocht": Kleisterfarben mit den Fingern vermalt ... 20
  - Phase 7: Mit Farben zaubern – Zufallstechniken erproben ... 21
  - Phase 8: Was ein Farbenprofi wissen muss ... 22

2 Buchstaben einmal anders ... 23

- Mindmap zum Vorhaben ... 24
- Kunstdidaktische Inhalte und Ziele ... 25
- Praxisblock: Unterrichtsschritte ... 27
  - Phase 1: Eine Geschichte zum Einstieg ... 27
  - Phase 2: „Buchidee" vorstellen ... 29
  - Phase 3: Den Einzelbuchstaben und seine Formqualität erkennen ... 31
  - Phase 4: Sensibilisierung für Farbunterschiede und Druckqualität ... 34
  - Phase 5: Partnerspiel mit zwei Buchstaben (Freiarbeit) ... 35
  - Phase 6: Buchstabensalat oder Buchstabensuppe? ... 36
  - Phase 7: Größere Druckbuchstaben einführen ... 37
  - Phase 8: Großformatige Gruppenarbeit „Wunderblüte" ... 38

3 „Illustrare": Viereck, Dreieck, Kreis – was wird daraus, wer weiß? ... 39

- Mindmap zum Vorhaben ... 40
- Vorlesegeschichte „Viereck, Dreieck, Kreis – was wird daraus, wer weiß?" ... 41
- Kunstdidaktische Inhalte und Ziele ... 42
- Praxisblock: Unterrichtsschritte ... 44
  - Phase 1: Geschichte kennenlernen – Erstbegegnung mit dem bildnerischen Material ... 45
  - Phase 2: Textverständnis und Klärung/Sicherung des Inhaltes ... 46
  - Phase 3: Mögliche Kunstbetrachtungen: W. Kandinsky, „Dreizehn Rechtecke", P. Klee, „Freundliches Spiel" ... 46
  - Phase 4: Daraus wird ein Buch: Ein Leporello, was ist das? ... 50
  - Phase 5: Textvorlage auf Leporello übertragen ... 51
  - Phase 6: Offene Freiarbeit ... 52

Literaturnachweis ... 54

Bildnachweis ... 54

Einführung

Vorbemerkungen zur kunstdidaktischen Konzeption in der Eingangsstufe

Themenzentriertes Vorgehen im Kunstunterricht

Die landläufige Praxis im Kunstunterricht der Grundschule, insbesondere der Eingangsstufe, ist gekennzeichnet durch ein kunterbuntes, vermeintlich abwechslungsreiches Themenkarussell. Die schnell abgehakten Inhalte werden oft weder vernetzt noch vertieft. Heute Grafik, morgen Farbe, Plastik, Spiel ... jede Stunde ein neues Thema: Das greift zu kurz. Die einzelnen Themen werden oft nur angerissen, ohne dass ein nachhaltiges und vertiefendes Lerngeschehen in Gang kommt. Das spiegelt sich auch in überfüllten Stoffverteilungsplänen wider. Hier wäre weniger oft mehr, denn die Intensität des Lerngeschehens ist das eigentlich Wichtige.

Themenzentriertes Vorgehen bedeutet, längerfristig an einem Thema zu bleiben und vielfältige ästhetische Erfahrungen mit Kopf, Herz und Hand in offen angelegten Unterrichtssequenzen zu ermöglichen. Das braucht Zeit und erfordert projektorientierte Planung. „Zeit verlieren, um Zeit zu gewinnen", dieser Ausspruch des bekannten Schulpädagogen Friedrich Fröbel verdeutlicht diesen Zusammenhang. Themenzentriertes Arbeiten ermöglicht prozess- und produktorientiertes Vorgehen, wobei die Lernprozesse besonders gewürdigt werden.

Drei Elemente charakterisieren diese Unterrichtskonzeption:
- Lernwege für Schüler erkennbar machen
- Lernprozesse begleiten und dokumentieren
- Lernschritte und Fortschritte bewusst machen
- Offenheit, das heißt, individualisierende Lernwege eröffnen
- Zur Freiarbeit motivieren

Dabei kann das Fach Bildende Kunst das gesamte Curriculum durchdringen. Die Sensibilisierung der Wahrnehmung ist integrativer Bestandteil der künstlerischen und nichtkünstlerischen Fächer. Das Klassenlehrerprinzip begünstigt das Einbeziehen der sonst nur an der Peripherie angesiedelten Fächer wie Kunst und Musik. Klassenlehrer/innen können ihren Unterricht zeitlich, räumlich und inhaltlich flexibler gestalten. Integrativ unterrichten sie, wenn es ihnen gelingt, den Bezug zu anderen Fächern herzustellen und sowohl jahreszeitliche als auch örtliche Gegebenheiten einzubeziehen.

Die Bedeutung der sprachlichen Kommunikation bildet eine nicht zu unterschätzende Schnittmenge mit dem Fach Deutsch.[1]

Öffnung des Unterrichtes durch freie Arbeitsformen

In der Praxis ist Kunstunterricht häufig produktorientiert auf Ergebnisse ausgerichtet. Eine Entscheidungsfindung und Spielräume für Schülerinnen und Schüler sind eher selten. So ähneln sich dann die Arbeitsergebnisse oft erschreckend.
Viel zu selten werden individualisierende Aspekte einbezogen, die, ausgehend von einem Thema, dennoch unterschiedliche Ziele ermöglichen.

Freie Arbeitsformen in einem kreativen Fach sind ein Muss.
Aber: Ohne Impulse und Anregungen fördert man Schülerinnen und Schüler nicht ausreichend. Lehrer sind Wegbereiter und Wegbegleiter. Angeleiteter Fortschritt im Können ist notwendig (Techniken beherrschen, Repertoire erweitern, Experte werden).

Öffnung kann bedeuten:

- Wahlfreiheit in Angeboten (z. B. Teilaspekte eines Themas, Zusatzaufgaben),
- freiwillige „Hausaufgaben" in Kunst,
- offene, auch langfristige Projekte, die angeleitet und danach frei bearbeitet werden,
- Begegnung mit Kunst/individuelle Vertiefung (Kunstbücher für Kinder im Lernraum),
- subjektive Befindlichkeiten und Vorlieben berücksichtigen,
- Differenzierung im Arbeitstempo,
- Selbstständigkeit anregen, Teamarbeit würdigen.

Am einfachsten gelingt das, wenn das Fach Kunst in den sonst üblichen Freiarbeitsbereich einbezogen wird. Das einziges Problem, das

---

1 Um Missverständnissen vorzubeugen: Die vielen Gelegenheiten zum Malen, Basteln, Zeichnen, die sich aus dem Unterricht fast aller Fächer ergeben, sind damit nicht gemeint. Kunstunterricht ist keine Kompensation für geistiges Arbeiten im Sinne von „Handarbeit" und handwerklicher Beschäftigung.

sich dabei ab und an stellt: Das materialintensive Fach verlangt häufig eine aufwändige Vorbereitung (Beispiel Drucken). Um das zu umgehen, können auch reguläre Kunststunden für die Freiarbeit ausgelegt werden. Das sind Stunden, in denen sich die Lehrer im Hintergrund halten und die Schülerinnen und Schüler selbstbestimmten Aufgaben nachgehen können.

Daraus wird ein Buch – Portfolios im Kunstunterricht

Das Wort „Buch" – nicht wörtlich zu nehmen – kann vieles bedeuten. In der Regel wird beim Einstieg in ein Thema der Anreiz geschaffen, daraus eine Sammlung, ein „Buch" zu machen, in dem Versuche und Ergebnisse festgehalten werden.
Gemeint sind Formen der Dokumentation, die auch mit dem Begriff „Portfolio" umschrieben werden können. In der Grundschule wird ein solches Portfolio im Bereich Kunst der Eingangsstufe auf erste, einfache Sammlungen von Arbeiten rund um ein vorgegebenes Thema bezogen. Als Entwicklungsinstrument dient es im Kreativbereich einem Schaffen, das interessengeleitet und in zunehmendem Maße selbstgesteuert und selbstverantwortet ist.

Pädagogischer Aspekt
Ein Portfolio motiviert zu einer individuellen Auseinandersetzung mit dem Lern- und Arbeitsprozess. Es wertschätzt die eigene Leistung und Anstrengungsbereitschaft und gibt einen Anreiz zu selbstgesteuertem Lernen, dessen Ergebnisse für die Zukunft, für einen selbst und andere erhalten werden.

Didaktischer Aspekt
Ein Portfolio dokumentiert anschaulich die Lernwege. Lernschritte werden aufgewertet, nichts für den Papierkorb produziert. Hinzu kommen offene Angebote, die auch außerschulische Lernorte einbeziehen. Freiwilligen, selbstgesteuerten Beiträgen, die autodidaktisches Engagement bedeuten, kommt besondere Würdigung zu.

Ästhetischer Aspekt
Die Aufwertung der Sammlung entsteht, wenn Kinder (auch über geeignete Beispiele) von der Aussagekraft einer solchen Präsentation überzeugt werden. So wird die Motivation geweckt, sich individuell damit zu befassen.
Themen aus dem Bereich Grafik und Farbe eignen sich am besten. Themen aus den Arbeitsbereichen Körper/Raum und Spiel/Aktion können fotografisch festgehalten (Kinder fotografieren), anschließend digitalisiert und beispielsweise als Album ausgedruckt werden.

> „Buch" kann vieles sein: Das beginnt mit unterschiedlichen Formaten, von der einfachsten Loseblattsammlung über die Sammelmappe bis hin zu gebundenen Büchern, Alben oder speziell entworfenen Bilderbüchern.

– **Loseblattsammlung, aus der eine Kunstmappe zum Thema entsteht**
Die Dokumentation beginnt mit der Sammlung aller Experimente und Eigenversuche. Diese werden später auf Blättern angeordnet (Textkommentare möglich). Die Mappe erhält einen Titel und ein selbstentworfenes Cover.
Eine Methode, die sich bewährt hat, ist folgende:
Vier bis fünf Zeichenblätter (DIN A3) werden im Querformat mit einer Klemmleiste zusammengehalten, können ergänzt bzw. ausgetauscht werden. Ein Klassensatz Klemmleisten ist ausreichend. Die Blätter dienen entweder als Unterlage, auf die Ergebnisse geklebt werden, oder sie werden direkt bearbeitet.

– **Leporello (Klappbilderbuch) als originelle Buchform zur Präsentation**
Ist eher für kleine Formate geeignet.

– **Bilderbücher selbst gemacht**
Hier ist die übliche Buchform gemeint, mit Spiralbindung o. Ä. versehen oder als Leporello in unterschiedlichen Techniken (Zeichnen, Drucken, Malen, Collage …) gestaltet. Solche Projekte sind anspruchsvoll und brauchen ausreichend Zeit. In der Regel beziehen sie fächerübergreifend das Fach Deutsch mit ein: Geschichten selbst erfinden, Geschichten nacherzählen, Texte/Gedichte als Anlass zur Illustration nehmen. Es sind aber auch andere Bezugsfächer wie Sachunterricht, Musik, Mathematik möglich.

Bilderbücher sind typische Kinderliteratur. Sie sind in allen Kinderzimmern vorhanden und oft künstlerisch originell gestaltet. Diese Fundgrube sollte man nutzen. Mitgebrachte Bilderbücher können im schulischen Kontext analysiert werden, um deren unterschiedliche Machart, beispielsweise das Layout, zu studieren. Das regt Schülerinnen und Schüler an, wenn es an die Gestaltung ihres eigenen Bilderbuchs geht. Die Initiation im Klassenunterricht bietet ein Repertoire für mögliche Illustrationen und stellt die

„Werkstatt" bereit. Daraus entwickelt sich allmählich eine mehr oder weniger selbstständige Fortführung in Freiarbeit. Ein Buch mit acht bis zehn Seiten ist dabei realistisch.

Die Begegnung mit Kunstwerken

Die Kunstbetrachtung hat längst Einzug in den Unterricht der Grundschule gehalten. Grundschulkinder haben durch ihre Unvoreingenommenheit und Neugierde einen Vorteil: Ihre Sehgewohnheiten sind noch nicht festgefahren. Das macht sie auch für abstrakte Werke und zeitgenössische Kunst offen und zugänglich und erleichtert ihnen den Zugang zu der eher unbekannten, fremden Bilderwelt.

Ausgehend von ihrem individuellen Wahrnehmungsvermögen erhalten sie Anregungen, differenzierter wahrzunehmen, das „Sehen" zu kultivieren und sich im „Bilderlesen" zu üben. Die Kinder müssen ihre Eindrücke versprachlichen, um sich in der Gruppe auszutauschen. Im Rahmen der Reflexion entwickeln sich auf der Meta-Ebene allmählich Erkenntnisse, Begriffe und Zusammenhänge, die das bildnerische Denken betreffen.

Für Grundschüler ist es aber unbedingt wünschenswert, dem „Bilderlesen" das „Bildermachen" zuzuordnen. Die Themen und die darauf bezogenen Gestaltungsaufgaben sollten in einem direkten Zusammenhang zu den ausgewählten Kunstwerken stehen.

Kunstbetrachtung in der Form der Wahrnehmungsübung

Die von dem namhaften Kunstpädagogen Walter Barth entwickelte Konzeption der Kunstbetrachtung stellt das am Kunstwerk entwickelte Wahrnehmungsgeschehen ins Zentrum des Unterrichts: Schülerzentriertes, entdeckendes Lernen bedeutet hier die aktive, wahrnehmende Auseinandersetzung mit dem Bildbestand. Dieses Vorgehen unterscheidet sich von flüchtigen Sehgewohnheiten im Alltag.

Werden die Schülerinnen und Schüler durch geeignete Impulse angeleitet, gelingt eine bewusste Zuwendung zu und ein längeres Verweilen bei Bildern. Unsicherheit im Umgang mit Kunst, auch bei Erwachsenen, resultiert häufig aus einem gewissen Unvermögen, sich ästhetischer Wahrnehmungsweisen zu bedienen. Diese bei Kindern, deren Bick noch unverstellt ist, zu mobilisieren, gehört zu einem guten Kunstunterricht.

Bei der Kunstbetrachtung wirken nach Barth vier unterschiedliche Wahrnehmungsweisen zusammen:

- Analytisch einzelheitliches Sehen (Lupeneinstellung)
  Der Fokus richtet sich auf kleine, einzelne Details *(„Hier hat der Künstler die Linie verwackelt …")*.
- Ganzheitliches Sehen (Weitwinkeleinstellung)
  Das Bild wird als Ganzes erfasst *(„Auf dem Bild ist ein großes Kuddelmuddel …")*.
- Wiedererkennendes Sehen
  Im Bild werden bekannte, meist gegenständliche Dinge erkannt bzw. bei abstrakten Kunstwerken assoziativ erfasst *(„Ich sehe ein großes Gesicht ohne Nase …")*.
- Sehendes Sehen
  Formale Gegebenheiten wie Farbbeziehungen, Kontraste, Dynamik u. Ä. werden erfasst. Diese Wahrnehmungsweise überfordert Grundschüler jedoch teilweise noch *(„Überall sind nur gemischte, leise Farben zu sehen …")*.

> „Ein Bild wird lebendig durch die Person, die es betrachtet" (Picasso)

Die Annäherung an künstlerische Bildaussagen erfolgt behutsam. Da dieses in der Gruppe geschieht, erfahren die Kinder auch, wie unterschiedlich Bilder auf Menschen wirken können, und gewinnen eine wichtige Erkenntnis im Umgang mit Kunst: Kunstwerke sind mehrdeutig. Aus eigener, subjektiver Betroffenheit erwächst ein individueller Zugang zu einem Kunstwerk.

Kunstbücher im Klassenzimmer

Jenseits des angeleiteten Umgangs mit Kunstwerken im Klassenunterricht bietet sich auch an, den Kindern im Klassenzimmer Kunstbücher u.Ä. zur Verfügung zu stellen. Das dient der Ergänzung des jeweiligen Themas und lässt sich in der Freiarbeit sehr gut nutzen. Empfehlenswert ist, den Kindern Anregungen zum Umgang mit dem bereitgestellten Material zu bieten, zum Beispiel: Suche in den Bildern des Kalenders nach Farben, die du gemischt hast, usw.

> Die im Folgenden dargestellten Themen sind als Anregungen für themenzentriertes Vorgehen im Kunstunterricht gedacht. Es sind keine Rezepte zum „Nachkochen", sondern frei verfügbare Angebote, die jeder für sich und seine Schülerinnen und Schüler arrangieren – kürzen, umordnen, ergänzen – kann.

1 Auf Entdeckungsreise im Reich der Farben

Entdeckungsreise im Reich der Farben – <Farbenbuch>

Tätigkeit: Kunst – Eingangsstufe

Farbenvielfalt explorieren – Mischen
- neue Farben entdecken
- Farbtöne / Nuancen
- Erfahrungen mit den 3 Grundfarben

<Farbenprofi werden>
- Umgang mit dem Schulmalkasten
- Farben / Farbnamen benennen
- unterschiedl. Farbmaterialien / Malgeräte

Experimentieren mit unterschiedlichen Farbmaterialien
- Malaktionen
- Zufallstechniken
- farbdynamische Bewegung

Sensibilisierung der Wahrnehmung
- Umweltbezug (Farben sammeln)
- Kunstbetrachtung
- Lieblingsfarben (Kurzpräferenzen)

Freiarbeit
- in Freiarbeit Farbenbuch herstellen
- Prozesse dokumentieren
- Ergebnisse sammeln

> „Wer von ‚Farbe' spricht, meint zumeist Farbstoffe und Pigmente. Diese alltagssprachliche Gleichsetzung des Begriffs ‚Farbe' mit Malmaterial unterstellt jedoch eine Stofflichkeit, die so nicht gegeben ist, denn die Empfindung von ‚Farbe' beruht ausschließlich auf einer vom Wahrnehmungssystem erzeugten Vorstellung."
>
> Martin Oswald, Kunst und Unterricht, 09/2002

Kunstdidaktische Inhalte und Ziele

Kindgemäßer Zugang zum Phänomen „Farbe" in der Eingangsstufe

Zu Beginn der Menschheitsgeschichte wurde Farbe lange Zeit ausschließlich als Farbmaterial, als greifbare Farbmaterie begriffen, bis ihre physikalische Grundlage, das Licht, in seiner Bedeutung entdeckt wurde und ein naturwissenschaftlicher Zugang über das Farbensehen wichtige Erkenntnisse brachte (s.o.). Kinder in der Eingangsstufe haben zunächst denselben, unmittelbaren Zugang. Farbe als Produkt des Lichts zu sehen, ist späteren Altersstufen vorbehalten. Auch andere Aspekte wie Wirkung von Farben, Farbkontraste, Räumlichkeit durch Farbe, Farb-/Formbeziehung, Ausdrucksqualität von Farbe u.a. werden erst in der Sekundarstufe vertieft.

So gilt unsere Beschäftigung mit dem Phänomen Farbe dem autonomen Material, das in Farbtöpfen und Tiegeln zur Verfügung steht, riecht, tropft, mit Flüssigkeiten verdünnbar und vermalbar ist. Es muss nicht verwundern, dass Kinder Schwarz und Weiß ganz selbstverständlich dazuzählen.

Die Ziele dieser Unterrichtseinheit „Entdeckungsreise im Reich der Farben" sind folgende:
- Explorierende Erforschung der verschiedenen farbigen Substanzen
- Spielerischer Umgang und experimentelles Erproben – Mischen von Farben, Farben finden
- Sensibilisierung für Farben und deren Vielfalt (Nuancen, Helligkeit, Leuchtkraft)
- Sensibilisierung der Wahrnehmung: Farben in der Umwelt wiedererkennen und unterscheiden
- Farben benennen, beschreiben, Farbnamen finden (Analogiebegriffe u.a.)
- Farbpräferenzen entdecken (Lieblingsfarben, subjektives Farbempfinden)

Farben mischen

Vor der Einschulung haben nur wenige Kinder Erfahrungen mit dem Farbenmischen. Sie verwenden zum Malen und Zeichnen Holzfarbstifte, Filzstifte und Wachsmalstifte. Das ist auch auf häusliche Sauberkeitserziehung zurückzuführen. Gelegentlich hantieren sie auch mit Fingerfarben (Kindergarten), was erste Erfahrungen mit dem Mischen erlaubt.

Aus meiner Erfahrung werden die beiden ersten Schuljahre oft „vergeudet", weil die Kinder im Lernfeld Farbe sich selbst überlassen bleiben. Weder lernen sie, technisch korrekt mit ihrem Farbkasten umzugehen, noch werden sie angeregt, mit den verschiedenen Farbmaterialien (Fingerfarben, Deckfarben, Schultemperafarben …) durch freies Ausprobieren und Experimentieren Neues zu entdecken.

Die drei Grundfarben werden meist vorgegeben und allenfalls irgendwann zum Ermischen der Sekundärfarben herangezogen. Dieses Vorgehen ermöglicht aber kaum aufschlussreiche Erkenntnisse und führt eher zu einem übergestülpten Umgang mit Farblehren und traditionellen Farbmischübungen.

So eröffnet sich für die ersten Schuljahre ein ergiebiges Erfahrungsfeld für einen offenen, handlungsorientierten Zugang zu farbigen Substanzen. Zum einen werden damit die kindlichen Gestaltungsmittel ergänzt, zum anderen erfolgt eine differenzierte Wahrnehmung in Bezug auf die farbige Welt. Schließlich kommt auch die affektive Komponente individuellen Farbempfindens nicht zu kurz.

Neben Mischaktionen, die im „Farbenbuch" dokumentiert werden, treten auch gestalterische Aufgaben wie „Die Farbenhexe kocht ein neues Rezept" oder „Wo die Erdmännchen wohnen".

Experimentieren und Verändern als elementares gestalterisches Grundprinzip

„Materialien … auf ihre Eigenschaften und gestalterischen Möglichkeiten untersuchen". (H. Burkhardt, 1995)

Kinder sind von Natur aus neugierig – aus dieser Haltung heraus wird spielerisch herumprobiert und im Prozess des Experimentierens oft ganz zufällig etwas Neues gefunden. Das „Finden" entspricht somit dem kreativen Wahrnehmen.

Bisher Bestehendes lässt sich verändern bzw. umgestalten, auch verfremden. Auf der „Entdeckungsreise" werden neue Erkenntnisse gewonnen, die reflektiert, dokumentiert und dadurch auch reproduzierbar werden.

Die Schülerinnen und Schüler sollten in diesem Prozess eigenständig frei agieren, ihre Erfahrungen jedoch anderen darstellen und den Prozess überdenken dürfen. Ein kleines Beispiel: „Wie viele Farben kann man zusammenmischen?" Aus dieser Frage eines Kindes ergibt sich eine wilde Mischaktion, die bei vielen Kindern zu einem ähnlichen Ergebnis führt: Es entsteht ein dunkler, braunschwarzer Brei! Im anschließenden Klassengespräch äußert sich ein Junge folgendermaßen: „So sterben die Farben".

Material

Ausgangspunkt ist der neu angeschaffte Deckfarbenkasten, den die Kinder in verschiedenen Versionen mitbringen und endlich einsetzen wollen. Vorhandene Fingerfarben, Aquarellfarben und die pastosen Schultemperafarben in Flaschen kommen hinzu.

Als Werkzeuge dienen Borsten- und Haarpinsel in verschiedenen Stärken und Malspachtel o. Ä. zum Verteilen der pastosen Farben. Wichtig sind auch Mischpaletten, entweder im Handel erhältliche oder selbstgefertigte aus Eierkartons. Ersatzweise können auch Brettchen aus Holz oder Plastik, Graupappestücke oder Mischpapierstreifen verwendet werden. Regeln im Umgang mit dem Farbkasten (wie und wo wird gemischt) sind unumgänglich.

Alle Proben und Mischversuche werden aufbewahrt bzw. auf Blätter geklebt, bis sie in der Dokumentation „Mein Farbenbuch" ihren endgültigen Platz finden.

Das Portfolio entwickelt sich aus zunächst wenigen DIN-A3-Zeichenblättern im Querformat, die mit einer Klemmleiste zusammengefasst werden (s. Vorwort „Daraus wird ein Buch – Portfolios im Kunstunterricht", Seite 5). Das Titelblatt wird erst später gestaltet.

Praxisblock: Unterrichtsschritte

Ein wichtiges Kriterium themenzentrierten Arbeitens besteht darin, in der Regel konstant am Thema zu bleiben. Im Folgenden sind Arbeitsphasen dargestellt, die sinnvoll fortschreiten und aufeinander aufbauen. Sie lassen sich mit dazwischengeschobenen Pausen jedoch auch auf zwei Schuljahre ausdehnen. Freiarbeitsanregungen können die Pausenzeit füllen, sodass die Kinder indirekt am Thema bleiben.

Das Buch füllt sich allmählich und stellt zum Schluss die gesamte Lernsequenz dar (Bilder, Mischproben, Eigenversuche, Paletten, Abbildungen …).

Die alternativen methodischen Angebote sind Freiräume für die Lehrerin/den Lehrer zur Anpassung an die jeweilige Lerngruppe.

Die Unterrichtsschritte im Überblick

- Buch vorbereiten und Ausblick auf das Thema geben. Wie man ein Farbenprofi wird …
- Mein Deckfarbenkasten (Phase 1)
- So viele Farben! Wie viele Farben? (Phase 2)
  Text: Violetta muss nicht weinen
- Mögliche Kunstbetrachtung: R. Delaunay, „Joie de Vivre" (Lebensfreude), 1930
- Farben suchen – Sensibilisierung für verschiedene Farbnuancen (Phase 3)
  Freiarbeitsangebot

Unterbrechung möglich

- „Maldiktat": Eine großflächige Gruppenarbeit mit Schultemperafarben (Phase 4)
- Kunstbetrachtung: W. Kandinsky, „Komposition VII", 1913 (Phase 5)
- Meine Lieblingsfarben treffen sich in einem Bild
  Alternativ: Malen zu Musik – Farben tanzen (Blumenwalzer von Tschaikowsky o. Ä.)

Unterbrechung möglich

- „Die Farbenhexe kocht": Kleisterfarben mit den Fingern vermalt (Phase 6)
- Mit Farben zaubern – Zufallstechniken erproben (Phase 7)
- Was ein Farbenprofi wissen muss – Prüfungsaufgabe für den Mischprofipass (Phase 8)

Phase 1

Mein Deckfarbenkasten

Alle Kinder legen ihren (neuen) Farbkasten geöffnet auf den Tisch. Die Klasse macht einen kleinen Rundgang, schaut sich die verschiedenen Farbkästen an. Anschließend kommen alle in den Sitzkreis, in dessen Mitte ein ziemlich schmutziger, vernachlässigter Farbkasten liegt. Stummer Impuls – die Schülerinnen und Schüler äußern sich dazu. Begriffe werden geklärt: Farbschälchen, Pinselsorten, Mischvorrichtung im Deckel u.a.

Die Lehrerin/der Lehrer liest einen Aufsatztext vor, den die Besitzerin dieses Kastens in Klasse 4 geschrieben hat.

> **Mein Wasserfarbkasten**
>
> Derzeit ist mein Wasserfarbkasten ziemlich heruntergekommen: Blau ist weg, Orange ist fast leer und der Rest der Farben ist so verschmiert, dass man die echte Farbe gar nicht mehr entdecken kann. Fast alles ist braun. Die Pinsel verlieren ein Meer von Haaren und das Deckweiß schmiert durch die Box, die schon so viele Sprünge hat, dass schon überall die Farben hinauslaufen.
>
> Doch warum bedauern wir die jetzige Zeit meines Wasserfarbkastens, wenn man weiß, was für gute Zeiten er erlebt hat. Früher, als ich ihn gekauft habe, hatte er noch leuchtende Farben, das Deckweiß war noch voll und immer an seinem Platz. Keine einzige Farbe fehlte.
>
> Und wenn man jetzt vergleicht, kann man merken, dass ich mit Farbkästen nicht umgehen kann.

Das anschließende Unterrichtsgespräch leitet über zur Einführung: Wie werde ich Farbenprofi?

Regeln ableiten durch Anschauung und Nachahmung

Die Lehrerin/der Lehrer führt an einem neuen Farbkasten vor, wie man mit Farben umgeht:

- Trockene Farben müssen mit Wasser wachgekitzelt werden: Der nicht zu nasse Pinsel rührt im Farbschälchen, bis die Farbe schäumt.
- Zwei Farben zusammenmischen: nie in einem Farbschälchen! Den Mischvorgang im Farbkastendeckel oder auf einem separaten Papierstreifen zeigen. Pinsel dazwischen unbedingt in einem Wassergefäß mit klarem Wasser auswaschen. Durchsichtige Wasserbecher lassen sehr schön auch die Veränderung des Wassers mitverfolgen.
- Pinselsorten kennenlernen und vergleichen: Haarpinsel kann viel Farbe transportieren und feine Linien zeichnen, Borstenpinsel malt Flächen aus. Mit verdünnter, wässriger Farbe kann man vormalen.
- Wie reinigt man den Farbkasten? Mischvorrichtung im Deckel mit nassem Schwamm oder Lappen auswaschen, moderne Kästen haben herausnehmbare Mischvorrichtungen! Niemals den ganzen Kasten unter den Wasserhahn halten, da sonst zu viel Farbe verlorengeht. Kästen zum Trocknen einige Zeit offen stehenlassen.

Im nächsten Schritt sollen die Kinder nun anwenden, was sie gelernt haben. Das „Farbenbuch" wird eröffnet: Die erste Seite „Alle meine Farben" gehört dem Farbkasten.

Der Arbeitsauftrag für die Schülerinnen und Schüler lautet: Male alle Farbschälchen groß auf das Blatt und fülle sie mit Farbe.

Gesprächsrunde zum Abschluss: Die Blätter liegen zum Trocknen auf dem Boden. Kennt ihr die Namen der Farben? (Zeigestab). Viele Farbbezeichnungen sind den Kindern vertraut, sie werden korrekt benannt. Mögliche Analogiebegriffe sollten angeregt werden, z. B.: Es gibt zweierlei Rot … rot wie Tomaten …, Pink u. Ä.

Die Farbe Ocker ist meist unbekannt. Die Kinder beschreiben lassen, den Hinweis geben, dass es sich um eine Erdfarbe handelt, die Ocker heißt.

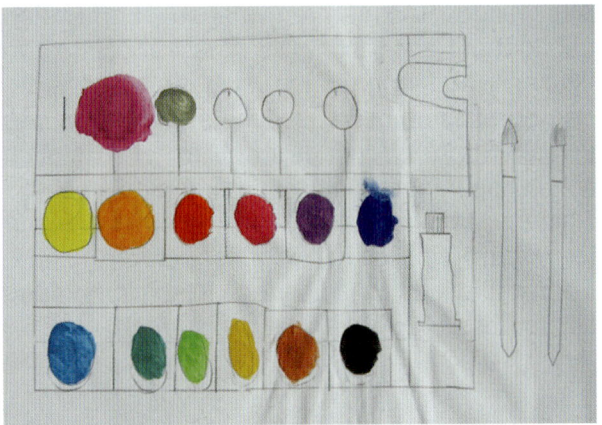

Phase 2

So viele Farben! Wie viele Farben?

Vorbereitung: Plätze vorbereiten – Zeitungen unterlegen – Wasserbehälter halb füllen – Farbkästen bereitlegen – Lappen kontrollieren – Papierstreifen zum Mischen austeilen – Malkittel anziehen.
Die Lehrerin/der Lehrer liest im Sitzkreis den folgenden Text vor und achtet darauf, bei der Erwähnung der drei Grundfarben diese auch zu zeigen.

Violetta muss nicht weinen

Es gab Tränen, als Violetta von ihrem Vater, einem Kunstmaler, ihren ersten Farbkasten für die Schule bekam: Es war ein Blechkasten und er enthielt nur drei Farbschälchen: Rot, Gelb und Blau. Der Vater tröstete Violetta: „Du wirst schon sehen, das reicht aus!"
In der ersten Kunststunde weinte sie wieder. Ihre Nachbarin hatte einen Doppeldeckfarbkasten mit mehr als 12 Farben. Den schob sie gleich in die Mitte und sagte: „Du kannst ja meinen mitbenutzen."
Als es in der zweiten Stunde wieder zu Tränen kam, blieb Frau Z., die Lehrerin, bei Violetta stehen und wandte sich an die Klasse: „Was meint ihr, ob Violettas Vater, der ein Künstler ist und Bilder malt, etwas über Farben weiß, was wir noch nicht wissen?"

Nach einer kurzen Pause, in der die Schülerinnen und Schüler Mutmaßungen anstellen, wird **folgende Aufgabe** gestellt:
– Alle haben nur die drei Farben von Violetta und probieren aus, wie viele Farben entstehen, wenn wir sie mischen. Mische zuerst immer zwei Farben zusammen, dann wieder zwei usw. Benutze dafür die Papierstreifen.
Die Lehrerin/der Lehrer ruft noch einmal die Regeln zum Umgang mit dem Farbkasten in Erinnerung.

Nach einiger Zeit teilt die Lehrerin/der Lehrer zugeschnittene Quadrate aus Pappe mit einer Kantenlänge von etwa 3 cm aus, auf die jeder Schüler eine seiner Mischfarben aufträgt und diese auf einer „Riesenpalette" im Sitzkreis auslegt.

Ergebnissicherung: Wir schauen uns an, wie viele unterschiedliche Farben wir zusammengemischt haben. Die Farbnamen sollen wieder genannt werden (Lila, Violett, Hellgrün, Dunkelgrün …). Es werden insbesondere die Sekundärfarben vorkommen und Farben unterschiedlicher Nuancen, wahrscheinlich viele Orange- und manche Brauntöne.
Eine wichtige Entdeckung wird sein: Beim Mischen kommt es auf den Anteil der Farben an. Viel Rot und wenig Gelb ergibt ein dunkles Orange, viel Gelb und wenig Blau ergibt ein helles Grün. Die Kinder beschreiben ihre Erfahrungen und demonstrieren sie eventuell nochmals.

**Mögliche Kunstbetrachtung
Bild 1: Robert Delaunay: Joie de Vivre (Lebensfreude), 1930**

1930 kehrt Delaunay endgültig zur Abstraktion zurück. Das Bild wird von der Strahlkraft der Farben bestimmt, die in geordneten Kreisformen rhythmisch aufeinander bezogen sind.
Die bestimmenden Formen sind Kreise und Kreisscheiben, die, übereinanderliegend und ineinandergreifend, auf eine Mitte (kleinster Kreis) hin zentriert sind.
Die dekorative Funktion von Farbe wird abgelöst von kontrastreich komponierten Farbzusammenspielen. Das harmonische Klangbild erinnert an (Farb-)Akkorde. Die einzige „Störung" des runden, rhythmischen Schwingens entsteht durch weiße, kantige Formen, die rechts die Oberfläche der Kreisgebilde überdecken. Auf diese Weise entsteht Spannung und Dissonanz, die von einer Diagonale ausgehen.
Die dominante Farbwirkung entsteht aus leuchtenden Rot-Orange-Gelbtönen, zu denen das komplementäre, abgestufte Grün als ruhender Gegenpol wirkt. Blau und Violett sind in feiner Abstufung sehr zurückhaltend eingesetzt.
Der Titel „Lebensfreude" bezieht sich insbesondere auf die Ausstrahlung der klaren Farben, die Fröhlichkeit suggerieren.

Warum dieses Werk? Der kindgemäße Zugang zum Phänomen Farbe spricht dafür, Werke zu wählen, in denen Farbe an sich im Mittelpunkt steht und keine anderen Ausdrucksmittel wie Gegenstände oder erzählende Inhalte die absolute Wirkung der Farben stören können.
Die runden Farbformen stellen auch eine Nähe zu dem Thema her, mit dem sich die Schülerinnen und Schüler gerade beschäftigen: die Vielfalt der Farbnäpfchen im Farbkasten, aus denen sich eine Fülle von Mischfarben ergibt.
Die ersten, gerade erprobten Farbmischergebnisse (Grün, Violett, Orange) sind in diesem Werk von Delaunay sehr gut nachvollziehbar, insbesondere die unterschiedlichen Nuancen der Grünmischungen.
Für die darauffolgende Aufgabe, den Farbkasten von Violetta zu ergänzen, kann das Bild mit sei-

Robert Delaunay: Joie de Vivre (Lebensfreude), 1930. Öl auf Leinwand, 200 x 228 cm, Stiftung Delaunay 1964, Centre Georges Pompidou, Musée National d´Art Moderne, Paris

nen ineinandergefügten Kreisen möglicherweise Anregungen für die Gestaltung liefern.

Die folgenden **Impulse** können das zunächst freie Gespräch über das Bild ergänzen:
- Ein wunderbarer „Farbkasten"... Was ist so besonders daran?
- Lauter Mischproben – vergleiche mit unserer Palette, beschreibe, wie sie angeordnet sind. Gibt es eine Regel, die der Maler befolgt?
- Fahre die Kreisbögen mit der Hand nach. Was entdeckst du? Überlappungen ergeben ein Davor und ein Dahinter.
- Was ist mit Schwarz und Weiß? Vergleiche.
- Suche einen Titel für das Bild. An dieser Stelle ist es sinnvoll, auch den originalen Titel zu nennen und zu überdenken, wie gut dieser passt.

Handlungsorientiertes Fazit zur Kunstbetrachtung: Violetta muss nicht weinen, sie kann tatsächlich aus den drei Farben viele verschiedene Farben herstellen.
Violettas Farbkasten vergrößert sich! Zu den drei Farben kommen noch viele andere hinzu, die man durch Mischen erhält. Male Violettas Farbkasten auf Seite 2 deines Buches.

Phase 3

Farben suchen – Sensibilisierung für verschiedene Farbnuancen

Aufgabe für die Freiarbeit, Sensibilisierung für verschiedene Farbnuancen
Die Einführung erfolgt im Klassenunterricht, um sicherzustellen, dass jedes Kind selbstständig weiterarbeiten kann.

Jedes Kind malt die Umrisse einer großen „Wundertüte" liegend auf ein DIN-A3-Blatt. Jetzt beginnt das Sammeln: In verschiedenen, bereitliegenden Zeitschriften wird nach der Farbe gesucht, mit der die „Wundertüte" ausgefüllt werden soll. Die Fundstücke werden etwa in Größe einer Euromünze ausgeschnitten und in die Tüte geklebt. Nach einer kurzen Einführung wird dieses Sammeln als Langzeithausaufgabe in die Freiarbeit verlegt: Suche in Zeitschriften, Illustrierten oder farbigen Abbildungen (alte Kalender u. Ä.) nach deiner Farbe. Du wirst staunen, wie viele Grün-, Blautöne usw. es doch gibt!

Gelegentlich erinnern wir die Schülerinnen und Schüler an ihre Aufgabe bzw. stellen Illustriertenmaterial in einer Kiste zur Verfügung. Auch in der Schule kann jederzeit weitergearbeitet werden. Die Freiarbeit gelegentlich einsehen und Impulse geben, was das Sammeln angeht, beispielsweise auch andere Materialien wie Stoffe u. Ä. verwenden.

An dieser Stelle Unterbrechung möglich

Phase 4

„Maldiktat": Eine großflächige Gruppenarbeit mit Schultemperafarben

Material: Makulaturpapier, Temperafarben, Pinsel, Malspachtel

Vorbereitung: Zwei Tische zusammenschieben und mit Bahnen von weißem Makulaturpapier, das rückseitig verklebt wurde, abdecken. Das Papier am Tisch befestigen. Das ist der Malgrund für die Malaktion, an der pro Tisch etwa acht Kinder arbeiten können. Dasselbe Arrangement für den Rest der Klasse vorbereiten, insgesamt drei Aktionstische.

Die Schülerinnen und Schüler stehen um den Tisch herum. Jedes Kind erhält einen Becher, in den circa zwei bis drei Zentimeter hoch eine wenig verdünnte Schultemperafarbe eingefüllt wurde. Einige Farben sind mehrfach verteilt worden. Die Kinder halten dünne oder dicke Pinsel in der Hand, einige einen Spachtel.

Vor der Aktion wird erklärt, dass in der vorgelesenen Geschichte die jeweilige Farbe einen Malauftrag bekommt, der sofort umgesetzt wird. Wenn eine neue Farbe ins Spiel kommt, hört die vorige sofort auf und wartet am Rand. Man darf spontan loslegen und seiner Fantasie freien Lauf lassen. Eine wichtige Regel gilt es zu beachten: Gut zuhören und leise sein!

Die Lehrerin/der Lehrer liest die folgende Geschichte langsam vor: (* = Pausen)

> Jetzt ist das große weiße Feld frei: Die Farben können es kaum erwarten, bis sie loslegen dürfen. * Das Gelb springt einfach los, hüpft mit lauter kleinen Sprüngen über fast das ganze Bild.* Dann tippelt es leise zurück an seinen Platz.
> Das Orange kichert und rennt rings um die vielen gelben Zeichen herum, als wollte es ihnen guten Tag sagen. *
> Jetzt kommt das Blau, die ganze Farbe fließt langsam aus dem Becher mitten ins Bild. * Der Spachtel hilft, es zu verteilen, das ergibt einen großen, blauen See, in dem viele gelbe Punkte verschwinden. *
> Das Rot kann nicht länger warten. Da, wo noch viel Weiß übrig ist, malt es schöne Formen und Figuren, die leuchten, * und ins Blau taucht es ein, um ein bisschen Violett zu zaubern. *
> Das Schwarz bekommt Lust, die Formen mit einem Rand einzurahmen, es braucht viel Zeit dafür, weil es sehr feine Linien malt. ***
> Zum Schluss ist nur noch das Grün übrig – es wandert hierhin und dorthin und setzt kleine und große Striche an die Stellen, wo viel Weiß ist.* Zum Schluss zieht es einen langen, schwungvollen, grünen Bogen in das Bild. Das hat gerade noch gefehlt … Wir sind am Ende unserer Malaktion!

Die Akteure stellen ihre Becher ab. Die Gruppen wechseln den Maltisch und schauen die anderen Ergebnisse an. Gibt es Ähnlichkeiten zwischen den Bildern?
Im Anschluss wandern wir gemeinsam von Maltisch zu Maltisch, während die Bilder trocknen. Um die Spannung zu lösen, wird angeregt, dass sich die Kinder austauschen, wie es ihnen als Farbenmalern ergangen ist. In diesem offenen Gespräch darf sich jeder äußern. Falls nötig, werden später einige Impulse gegeben: Was hat dir am besten gefallen? Was war schwierig?

Überlegungen werden angestellt: Alle haben dieselbe Geschichte gehört, aber es sind unterschiedliche Bilder entstanden – wie kommt das?

Die **Bildbetrachtung** der großen Werke erfolgt erst an einem der nächsten Tage. Die Bilder sind gut einsehbar an der Tafel oder an der Wand befestigt. Die Arbeitsgruppe entscheidet, wo oben und wo unten sein soll.
Die Schülerinnen und Schüler äußern sich zu den Ergebnissen (Farben, Formen, Wirkung).

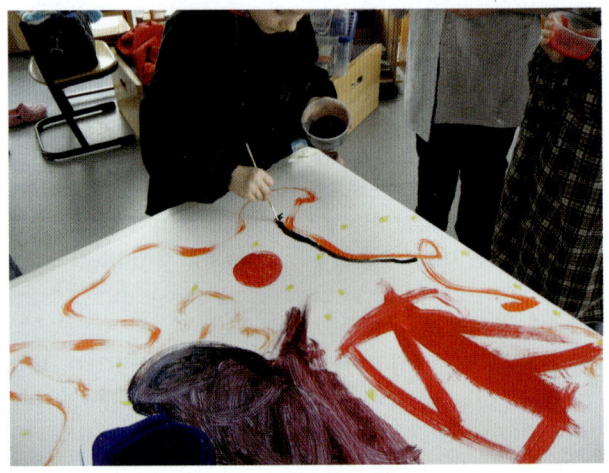

Nach ein paar Tagen dürfen sich die Kinder einer Malgruppe mit kleinen Motivsuchern (Passepartoutfenster) einen Ausschnitt aus dem Gesamtbild aussuchen.
Sie schneiden diesen aus und kleben ihn in ihr Farbenbuch. Dieses Vorgehen zwingt zu einer fokussierenden Wahrnehmung und zeigt spezielle Präferenzen auf.

Wassily Kandinsky: Komposition VII, 1913. Öl auf Leinwand, 200 x 300 cm. Staatliche Tretjakow Galerie, Moskau

Phase 5

Kunstbetrachtung: W. Kandinsky „Komposition VII"

Bild 2: Wassily Kandinsky: Komposition VII, 1913

Die Auswahl des Werkes nimmt das Thema „Auf Entdeckungsreise im Reich der Farben" wörtlich. Hier ist die Kunstbetrachtung nachbereitend zur Malaktion zu sehen, sie kann aber auch eine neue malerische Aufgabe in Freiarbeit vorbereiten.

Wie in der Einführung ausführlich dargestellt (siehe Seite 6), steht die Wahrnehmungsübung immer im Vordergrund. Jenseits flüchtiger Alltagssehgewohnheiten wird dabei das Kunstwerk über länger verweilende, explorierende Wahrnehmung erkundet.

Viele Kinder bringen im Klassengespräch auch eigene Ansichten zur bildnerischen Aussage ein. „Ein Bild wird lebendig durch die Person, die es betrachtet", lautet ein Zitat von Pablo Picasso. So wird durch verschiedene Sichtweisen auch die Erfahrung möglich: Bilder sind mehrdeutig!

Das Werk, von Kandinsky selbst als wichtigstes Bild aus der Epoche vor dem Ersten Weltkrieg bezeichnet, wird durch über 30 Studien vorbereitet. Dem Betrachter zeigt sich ein Zusammenklang aus komplexen, detailgenauen und vielschichtigen Farb- und Formgefügen.

Die Formen – zeichnerisch konturiert, häufig mit kontrastierendem Schwarz – zeigen kaum Anklänge an Gegenständliches. Die Farben ihrerseits übertönen und vereinnahmen den Formenschatz. In ihrer Buntheit kaum zu übertreffen, überwiegen dennoch warme Töne (Rot/Orange/Gelb). Die kleinteiligen Farbsegmente in der Mitte, die sich diagonal und bewegt durchs Bild ranken, werden von wenigen, großen, ruhigen Farbflächen eingesäumt (rechts unten und ein paar lasierend wirkende, weiße Oasen).

Das Bild zeigt in seinem malerisch-zeichnerischen Duktus farbdynamisches Tempo, wirkt stürmisch, spannungsgeladen und eruptiv, was akustisch klangmalerische Assoziationen nahelegt.

Die Schülerinnen und Schüler haben sich bei ihrer Malaktion auf ein Abenteuer mit Farben und Formen eingelassen – nun erleben sie ein Werk mit vergleichbarer Thematik.

Die Kleinteiligkeit, die unendlich vielen Einzelheiten, die es zu entdecken gibt (vgl. Wimmelbilder), werden insbesondere durch die fokussierende, sich auf ein Detail beschränkende Wahrnehmung ergründet. Das gilt für Formen und Farbflecke, die aber auch durch das wiedererkennende Sehen manche gegenständlichen Assoziationen wachrufen.

Erst danach wird der Blick im Sinne einer ganzheitlichen Wahrnehmung frei für das Gesamte, etwa wenn nach einem Titel für das Bild geforscht wird oder wenn mithilfe von **Impulsen** die „Geschehnisse" im Bild beschrieben werden.

- Gehe mit deinen Augen im Bild spazieren (Zeit lassen und Stille einfordern). Bleibe dort stehen, wo du etwas Besonderes entdeckt hast. Beschreibe es und zeige es den anderen Kindern.
- Dem Maler Kandinsky hat niemand eine Mal-Diktatgeschichte vorgelesen …
- Der Künstler ist ein großer Mischkünstler – zähle die Mischfarben.* Suche reine, klare Farben und gemischte, besonders die Grüntöne.
- Schwarz und Weiß – die sind auch dabei! Beschreibe!
- Was passiert wohl in dieser Farbengeschichte? Diese Fragestellung ließe sich durch Partner- oder Gruppenarbeit vorbereiten. Nach den internen Gesprächen berichten die Gruppen.
- Eventuell: Stilles Bild? Lautes Bild? Hörst du etwas? Wie klingt das?

Handlungsorientierte Nachbereitung: Ein zeitlicher Abstand ist wünschenswert. Das Bild von Kandinsky wird dennoch mit großer Wahrscheinlichkeit die Arbeiten der Kinder beeinflussen. Die Lehrerin/der Lehrer regt zu einer neuen Aktion an, diesmal ohne vorgelesene Geschichte. Jedes Kind nimmt sich ein Stück Tapete oder Zeichenpapier und setzt seine eigene Malgeschichte zum Thema „Meine Lieblingsfarben treffen sich in einem Bild" direkt auf dem Blatt um. Gemalt wird mit dem Farbkasten oder mit Temperafarben (Eierkarton) nach eigenen Farbvorstellungen. Das Blatt wird später in das Farbenbuch eingeklebt.

Alternative: Wer gerne eine musikalische Umsetzung (Malen zu Musik) einbeziehen möchte, könnte an dieser Stelle eine solche Malaktion anschließen, beispielsweise können die Kinder zum Blumenwalzer von Tschaikowsky die Walzerklänge in farbdynamische Spuren umsetzen. Hier eignen sich Wachs- oder Ölkreiden noch besser als flüssige Farbe. Die Malfläche sollte dabei mindestens Tischgröße haben und drei bis vier Kindern Platz bieten.

---

* Wenn die Konzentration der Klasse nachlässt, könnte durch eine handlungsorientierte Wahrnehmungsübung vertieft werden, was in diesem Impuls angesprochen wurde. Die Schülerinnen und Schüler bekommen den Auftrag, Farben aus dem Bild nachzumischen.

Phase 6

„Die Farbenhexe kocht": Kleisterfarben mit den Fingern vermalt

Material: DIN-A3-Blätter, Temperafarben, Borstenpinsel, Joghurtbecher, Tapetenkleister, Teelöffel, aus schwarzem Papier zugeschnittene Kesselschablone, Schraubglas mit Deckel

Vorbereitung: Alle vorrätigen Temperafarben werden in Joghurtbecher abgefüllt (je zu einem Viertel füllen). Pro Gruppentisch bekommen vier Schülerinnen und Schüler zwei Farbbecher nach Wahl. In jedem Becher befindet sich ein Borstenpinsel. Dazu kommt auf jeden Tisch ein Becher mit dickflüssigem Tapetenkleister und ein Teelöffel. Den Kleister am Tag vorher anrühren.

Die DIN-A3-Blätter werden verteilt, ehe die Geschichte erzählt wird. Die Kinder bleiben währenddessen vor ihren Blättern am Platz stehen, um die beschriebene Kochaktion sogleich umzusetzen. Die Lehrerin/der Lehrer beginnt, zu erzählen:

> Die Farbenhexe Colori probiert ein neues Rezept aus.
> Sie ist eine weltberühmte Farbenköchin. Mit Farben zaubern, das lernte sie schon als Kind von ihrer Großmutter! Sie braucht dazu ihren alten schwarzen Eisenkessel …

… dieser ist in Draufsicht vorbereitet (schwarzes Papier), wird jetzt allen ausgeteilt und in die Mitte des Blattes geklebt.

> In ihrem uralten Rezeptbuch steht, welche Zutaten gebraucht werden …

… Die Schülerinnen und Schüler werden aufgefordert, gleichzeitig mitzumachen.

> Alles nacheinander in den Topf geben: Nimm eine Pinselfüllung von der ersten Farbe, zwei Pinselfüllungen von der zweiten Farbe und einen Teelöffel vom dicken Zauberkleister. …

… Abwarten, bis alle Zutaten verteilt sind.

> Die Hexe Colori heizt nun den Herd an. Leider vergisst sie, diesen wieder abzuschalten, als sie aus der Küche geht. Da passiert es: Es brodelt und zischt …

… Laute mit den Kindern nachahmen …

> Der Zauberfarbenbrei kocht über und breitet sich in der ganzen Küche aus. …

… Male mit den Fingern und lasse den Brei aus dem Topf brodeln und wundersame Figuren zaubern.

Die Bilder sollen erst trocknen, deshalb wird nach dem Malen der Arbeitsplatz aufgeräumt. Alle Restfarben kommen in ein Schraubglas, denn sie werden bei der nächsten Aufgabe nochmals gebraucht.
In der Mitte des Sitzkreises liegen ausgewählte Bilder. Als die Hexe Colori zurück in ihre Küche kommt – was sieht sie da!
Wir reflektieren den Malprozess: Zuerst äußern sich die Schülerinnen und Schüler frei, dann können einige mögliche Impulse erfolgen: Was können Finger und kein Pinsel? Farben mischen beim Malen, Muster im Zauberbrei.

Die Bilder werden später ins Farbenbuch geklebt. In Freiarbeit kann die Hexe Colori mit Wachsmalkreiden ergänzt werden.

Phase 7

Mit Farben zaubern – Zufallstechniken erproben

Spielerei mit Fäden
Material: Wasserfarben, Borstenpinsel, Woll-/Baumwollfäden, Papierbögen DIN A4 in ausreichender Anzahl, einige dicke, schwere Bücher (alte Telefonbücher, Kataloge oder Zeitungspakete u. a.)

Vorbereitung: Wasserfarben und Borstenpinsel bereitstellen, Papiere mittig falten (lassen), Partnerarbeit anregen.

Die etwa 30 cm langen Schnüre werden mit Wasserfarben und dem Pinsel mehrfarbig eingefärbt, nur ein Ende bleibt ohne Farbe übrig. Das Buch wird geöffnet, das gefaltete Blatt eingelegt und die Farbenschnur auf eine Seite vorsichtig aufgelegt. Das trockene Ende schaut heraus. Das Buch zuklappen und festdrücken, der Partner hilft bei diesem Prozess. Nun wird der Faden durch langsames Hin- und Herbewegen herausgezogen. Es entsteht eine symmetrische Figur, die viele Farbverläufe und Mischungen aufweist.

Halten Sie genügend Papiere bereit und lassen Sie die Schülerinnen und Schüler vielfache Experimente machen, Fehlversuche eingeschlossen. Man kann auch zwei- oder dreimal Fäden auf dasselbe Papier legen usw.

Nach dem Ausprobieren werden die Ergebnisse für alle zugänglich ausgestellt. Im Nachgespräch sollte unbedingt auf die Wirkungen eingegegangen, die „Bilder" gedeutet werden. Wichtig ist der Hinweis auf den Zufall, der mit Farben zaubern kann.

Anschließend wählt jedes Kind Beispiele für sein Farbenbuch aus. Alternativ kann angeregt werden, die Bilder mit Füller oder Farbstiften weiterzugestalten (das erinnert mich an …).

Decalcomanie (Abklatschdrucke und Klecksografien)

„Auf der Suche nach den Erdmännchen"
Material: Wasserfarbkasten, Mischpapiere oder Joghurtbecher, Kleisterreste aus Phase 6, zusätzlich mit einem Drittel Kleister versetzt, Packpapier, etwa DIN-A4-Größe, kleine Löffel

Vorbereitung: Dieser Aufgabe geht ein neuer Mischauftrag voraus.

Unser Farbkasten kann noch mehr: Mische nacheinander alle Farben deines Farbkastens zusammen. Nimm von jeder Farbe etwa den gleichen Anteil und rühre alles auf dem Mischpapier oder in einen leeren Joghurtbecher zusammen. Vergiss nicht, den Pinsel immer gut auszuwaschen, damit die Farben im Kasten rein bleiben. Hinweis: An den Wassergläsern lässt sich der fortlaufende Mischprozess ebenso gut ablesen!
Die Ergebnisse werden in den Sitzkreis gebracht, in der Mitte ausgelegt und in der folgenden Gesprächsrunde thematisiert. Wie sieht unser „Endprodukt" aus? Ist das eine Farbe? Wie könnte sie heißen? Gibt es so eine „Farbe" irgendwo? Was ist passiert? Weitere **Gesprächsimpulse** könnten sein: Es gibt Farben, die wunderbar zu einer neuen Farbe verschmelzen. Aber je mehr Farben man zusammenmischt …
Äußerungen, die von den Kindern zu erwarten sind, wären beispielsweise: So sterben die Farben, Farbzerstörung, eine Farbe macht die andere kaputt, Leuchtkraft geht verloren, sie werden immer schmutziger und dunkler …

Um die emotionale Betroffenheit mancher Schülerinnen und Schüler zu kanalisieren, kann die Mischung zur Gestaltung einer großen, dunklen **Erdhöhle** verwendet werden, in der die Erdmännchen sich wunderbar verstecken können. Das könnte auch Thema einer späteren, freiwilligen Freiarbeit sein.

Nun kommt der übrig gebliebene Farbbrei aus Phase 6 zum Einsatz. Die Schülerinnen und Schüler erhalten unregelmäßig gerissene Stücke von Packpapier, Größe etwa DIN A4. Jeder setzt mithilfe eines Löffels kleine Kleckse des Kleisterbreis auf ein Blatt und deckt es danach mit einem anderen Blatt zu. Hokus Pokus, schnell das obere Blatt abziehen und ein zerquetschter Klecks/Farbfleck zeigt sich. Jetzt beginnt das große Rätselraten – das Blatt wird auf der Suche nach einer Deutung (Figur, Gesicht, Tier) auch öfter gedreht.

Hier gilt es wieder, viele Versuche zu machen!
Nicht gelungene Abklatschversuche können mehrfach überarbeitet werden, indem andersfarbige Farbkleckse aufgebracht und noch einmal abgeklatscht werden.
Denkbar wäre an dieser Stelle auch eine Zwischenpräsentation mit Ergebnissen, die schwierig auszudeuten sind – unter dem Motto: „Ich sehe etwas, was du nicht siehst …" Es ist auch möglich, mit einem Holzstäbchen oder Tafelkreide Linien (Augen, Füße …) anzudeuten.

Zum Schluss können viele merkwürdige Erdwesen (Tiere oder Männchen) besichtigt werden. Später werden die Ergebnisse ins Farbenbuch geklebt.

Phase 8

Was ein Farbenprofi wissen muss

Prüfungsaufgabe für den Mischprofipass
Bis zu diesem Zeitpunkt war der Begriff „Grundfarben" nicht eingeführt. Alle Farben galten als gleichwertig nebeneinander. Durch eine verblüffende Erfahrung ganz zum Schluss soll nun die Erkenntnis der Existenz dreier (Grund-)Farben, die nicht ermischt werden können, deduktiv vermittelt werden.
Jedes Kind erhält einen zusammengefalteten Zettel, den es zu bearbeiten gilt. Der Zettel enthält folgende Anweisung: Mische die Farbe Gelb (oder Blau oder Rot). Die Klasse hat also einen dreigeteilten Auftrag und probiert aus. Bei Prüfungen ist absolutes Stillschweigen angeordnet. Ausreichend Zeit sollte zur Verfügung stehen.

Wer fertig ist, kommt in den Sitzkreis. Die Ergebnisse sind unterschiedlich – einige Schülerinnen und Schüler entdecken sofort, dass das nicht geht, wundern sich aber dennoch, andere Schülerinnen und Schüler probieren mit zweierlei Tönen einer Farbe, z.B. Magenta- und Zinnoberrot, ein neues Rot zu erfinden.

An dieser Stelle kann nochmals auf den Vater von Violetta zurückverwiesen werden, der ein Farbenprofi ist. Drei Sonderfarben gibt es, die nicht zusammengemischt werden können. Sie heißen „Grundfarben" und sind unersetzlich – ohne diese geht gar nichts. Als kleine Hausaufgabe könnte den Kindern aufgetragen werden, sich zu informieren, wie viele Farben im heimischen Farbdrucker des PCs zu finden sind.
Wer will, kann den Kindern danach einen kleinen Mischprofipass ausstellen.

2 Buchstaben einmal anders

BUCHSTABEN EINMAL ANDERS

Ast: additives Verfahren / Grafik
- Stempeldruck
- Buchstaben als Formzeichen
- vervielfältigen / Druckspuren
- ordnen und gruppieren
- Bildideen (Motive)
- Buchstabensalat (Suppe)
- Wunderblüte
- Figuren u.a.
- selbstgefertigtes Alphabet

Ast: Freiarbeit
- Lernwege darstellen
- Buch gestalten (Cover)
- drucktechnisches know-how erweitern

Ast: Doppelfunktion „Schrift"
- Mitteilungsträger Lesen-schreiben
- ästhetische Qualität Formgefüge
- Ordnen + gruppieren (Lay out)

Ast: Tadition Aufangsunterricht / Kunst

Kunstdidaktische Inhalte und Ziele

Buchstaben im Anfangsunterricht

In der Regel werden im Leselernprozess des 1. Schuljahrs alle Buchstaben des Alphabets einzeln und mit allen Sinnen erfahrbar gemacht (Stationenarbeit).

Dazu gehört auch eine handlungsorientierte Beschäftigung mit kleinen Druckalphabeten, beispielsweise Stempelkästen, die speziell für den Anfangsunterricht konzipiert sind. Später lassen sich damit – im Sinne erster Schreibversuche mit Druckschrift – auch Wörter zusammenstellen. Dabei werden die Buchstaben einzig unter dem Blickwinkel ihrer syntaktischen und semantischen Funktion betrachtet, als Lautzeichen der deutschen Sprache, die für den Leseprozess von Wichtigkeit sind.

In diesem Zeitraum sollte die konzentrierte Aufmerksamkeit nicht gestört werden. Wir empfehlen, die für den Kunstunterricht gedachte, folgende Einheit „Buchstaben einmal anders" erst nach Abschluss des Leselehrgangs im 2. Schuljahr einzusetzen.

Buchstaben einmal anders

Schrift ist im schulischen Kontext allzu sehr auf Kulturtechniken wie Lesen und Schreiben beschränkt. Es geht um Lesbarkeit und Sinnentnahme – von Anfang an.

Deshalb ist es über die gesamte Schulzeit wünschenswert, Schrift aus diesem engen Korsett zu befreien und Schülerinnen und Schülern zu vermitteln, dass Schrift beides sein kann: Mitteilungsträger und autonomes Formgefüge mit ästhetischer Qualität.

Unser Grundschulthema für den Kunstunterricht in Klasse 2 bezieht sich auf die Großbuchstaben des Stempelkastens, die jenseits von Sprache nun als Formen und Bausteine wahrgenommen werden. Sie sind nicht länger nur Lautzeichen zum Bauen von Wörtern, sondern werden durch ihr Aussehen neu definiert. Die unterschiedlichen Formen der grafischen Bildzeichen können durch Drehen und Wenden, durch Dichte (Ballung/Streuung), Helligkeit und Farbe verändert werden.

Dennoch soll auch die semantische Ebene gelegentlich in die themenzentrierte Einheit einbezogen werden. Zu nah und attraktiv ist in der Primarstufe das Lesenkönnen, deshalb wird oszillierend auch diesem Prozess zugearbeitet. Das bedeutet, dass im bildnerischen Umgang mit Buchstaben spielerisch auch das Buchstabenlesen, das für die Altersstufe noch großen Reiz hat, einbezogen und lustvolles Üben ermöglicht wird.

Stempeldruck – ein additives Verfahren

Über die einfache, handwerkliche Druckmethode des Stempelns erhalten schon Kinder in der

Grundschule grundlegende Einsichten in Reproduktionsverfahren:
- Abdrücke lassen sich wiederholen (vervielfältigen),
- Druckergebnisse variieren, d.h. kein Abdruck gleicht dem anderen, der Zufall spielt mit.

Stempeln erfahren Kinder spontan als lustbetont, sie geben sich dem Druckvorgang mit seinen sensomotorischen Reizen richtiggehend hin. Dieser Aktionslust muss viel Raum gegeben werden, was Offenheit erfordert und spielerisches Ausprobieren und Experimentieren vorsieht.

Alles ist erlaubt: Die Buchstaben werden aus der exakten Linienstellung „befreit", turnen, purzeln und machen Kunststücke, sie werden additiv zusammengebaut, ergeben Muster, Ornamente, Flächen, Figuren und vieles mehr.

Auch aus einem einzigen Stempel lassen sich wunderschöne Bilder bauen. Auf diese Weise wird die Erfahrung des Mehrfachstempelns mit Farbabstufung und unterschiedlicher Dichte gemacht.

Material

Es werden möglichst viele Stempelkästen gebraucht. Im Idealfall steht für jedes Kind ein Kasten zu Verfügung, für den es auch verantwortlich ist und z.B. die Stempel nach Gebrauch reinigt. Es können aber auch zwei Partner mit je einem Kasten arbeiten. Auch Stempelkästen, die nicht mehr vollständig sind und sich zum Wörterdrucken nicht mehr eignen, finden hier Verwendung.

Entsprechend benötigt man für je vier Kinder (Arbeitsgruppe) ein Stempelkissen mit schwarzer Druckfarbe. Andere Farben sind möglich, aber nicht zwingend.

Zur Ergänzung eignen sich auch etwas größere Druckbuchstaben, wie sie als gestanzte Moosgummi-Alphabete im Handel angeboten werden. Die Buchstaben werden auf Holzklötzchen (Abfall vom Schreiner) geklebt und können auch mit Linoldruckfarben verwendet werden, was Farbe ins Spiel bringt.

Ordnen und Gruppieren als wichtigstes gestalterisches Grundprinzip

„Formen, Farbflecke … als elementare bildnerische Bausteine erkennen und sie zu größeren Zusammenhängen ordnen und gruppieren" (H. Burkhardt, 1999)

Auf unser Thema übertragen bedeutet dies, dass die Buchstabenformen in ihrer je eigenen Gestalt wahrgenommen und zu Bildelementen umfunktioniert werden, aus denen sich Muster, Formen und Figuren zusammenfügen.

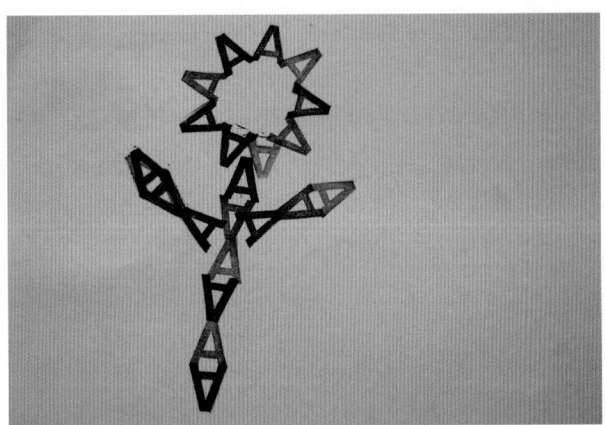

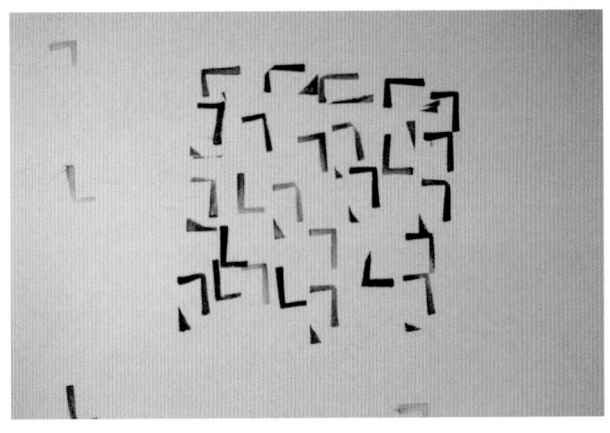

Daraus wird ein „Buch"

Die Dokumentation wird sich wiederum aus vielen, experimentell gewonnenen Ergebnissen zusammensetzen. Es kann sich ein DIN A4 großes Heft mit einfacher Bindung (Spirale o.Ä.) daraus ergeben, in das sich auch Doppelblätter einfügen lassen. Im Grunde genügt auch ein DIN-A4-Heft ohne Linien, in welches die Ergebnisse dann eingeklebt werden.

Wichtig ist, dass das Deckblatt von den Kindern individuell gestaltet wird, beispielsweise auf farbigem Fotokarton, was dem Heft einen buchähnlichen Charakter verleiht.

Praxisblock: Unterrichtsschritte

Themenzentriertes Arbeiten heißt für die praktische Umsetzung, möglichst konzentriert vorzugehen. Innerhalb des Anfangsunterrichts lassen sich die geplanten Unterrichtsphasen auf zwei oder drei Wochen verteilen. Dabei werden Impulse für die Freiarbeit eingerechnet.
Zum Abschluss bietet sich an, das Thema einige Zeit ganz in selbstgesteuerter Freiarbeit weiterlaufen zu lassen und erst dann das Buch fertigzustellen.

Die Unterrichtsschritte im Überblick

- Eine Geschichte zum Einstieg (Phase 1)
  Überleitung zur ersten freien Experimentierphase (Reflexion)
- „Buchidee" vorstellen (Phase 2)
  Das Deckblatt des Buches (farbiger Fotokarton in DIN A3) mit Buchstabenstempeln gestalten
- Mögliche Bildbetrachtung: Muster und Ornament
- Den Einzelbuchstaben und seine Formqualität erkennen (Phase 3)
  Ergebnisse auswählen lassen und ins Heft kleben, Reflexion
- Sensibilisierung für Farbunterschiede und Druckqualität (Phase 4)
  Streifen bedrucken/Mehrfachdrucken, bis die Farbe ausgeht
- Partnerspiel mit zwei Buchstaben (Phase 5)
  Freiarbeit
- Buchstabensalat oder Buchstabensuppe? (Phase 6)
  Drucken und mit Farben weitergestalten

Unterbrechung möglich

- Größere Druckbuchstaben einführen (Phase 7)
  Ausprobieren und Stempel aus Moosgummi herstellen
- Großformatige Gruppenarbeit „Wunderblüte" (Phase 8)
  Auf großer Fläche Wunderblüten zaubern (Drucken aus der Mitte)
- Freiarbeit für das Buch
- Weitere Impulse für die Freiarbeit

Phase 1

Eine Geschichte zum Einstieg

Die Klasse 2 von Frau Gutenberg bekam gleich zu Beginn des Schuljahrs eine wunderschön eingerichtete Freiarbeitsecke. Es gab dort einen großen Tisch und viele Regale mit tollen neuen Sachen in Kisten und Schachteln.

Darunter waren auch fünf alte Stempelkästen. „Die sind leider nicht mehr komplett", sagte die Lehrerin. „Zum Schreiben und Lesen sind sie nicht geeignet, aber wegwerfen wollte ich sie nicht … ich kann mir denken, euch fällt etwas ein, was ihr damit anfangen könnt."
Schon in der ersten Freiarbeitszeit waren die Kästen sehr beliebt. Die anderen Kinder der Klasse staunten nicht schlecht, was mit den Stempelbuchstaben alles erfunden wurde. Alles, bloß nicht schreiben!

Frau Gutenberg beobachtete das Treiben ein paar Tage. Dann entschied sie, dass daraus eine gute Idee für den Kunstunterricht werden sollte. Buchstaben einmal anders!
So fing eine verrückte Stempeldruckaktion an. Das können wir auch, was meint ihr?

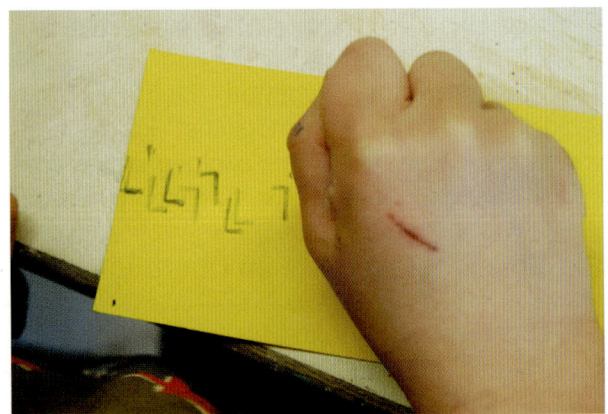

Überleitung:
Die vorhandenen Druckkästen und Stempelkissen werden verteilt. Dieses Lernmittel kennen die Schülerinnen und Schülerinnen bereits, es muss nicht mehr eingeführt werden.
Neu ist der heutige **Auftrag**:
Die Buchstaben haben Schreibferien, sie dürfen endlich mal herumtollen und alle Sachen ausprobieren, die sie möchten.
Das Ypsilon ist besonders begeistert! Weißt du, warum?

Es liegen weiße und farbige Papiere in verschiedenen Formaten bereit, da dies stimulierend wirkt, z. B. ein Zettelblock in der Größe 6 cm x 6 cm mit verschiedenfarbigen Blättchen.
Die Kinder sammeln zunächst alle Ergebnisse auf ihrem Platz und legen nach der Aktion, die circa 30 Minuten dauern sollte, eine besonders gelungene Auswahl auf ihren Tisch. Nun beginnt der „Museumsrundgang": Alle Kinder gehen von Tisch zu Tisch und schauen alle Ergebnisse an. Die Lehrerin/der Lehrer sammelt einige besonders originelle Beispiele (Kriterium: Vielfalt der Ideen) und bringt diese mit in den Sitzkreis oder Sitzhalbkreis vor der Tafel.

In der folgenden **Gesprächsrunde** wird geklärt: Buchstaben einmal anders – was heißt „anders"?
Impulse könnten sein :
- Buchstaben haben Formen (Nachahmen der Formen mit körperlichen Mitteln)
- Buchstaben liegen, stehen, purzeln, stehen auf dem Kopf
- Buchstaben füllen/verdecken ein ganzes Blatt
- Buchstaben machen Muster
- Buchstaben sind Bausteine ... Figuren ...

Die Ergebnisse sollten unbedingt aufbewahrt werden, da sie demnächst für das Buch gebraucht werden. Zum Abschluss die Buchstaben sauber abstempeln und einräumen.
Hoffentlich habt ihr das Ypsilon oft verwendet, es kommt beim Schreiben nämlich immer zu kurz!

Phase 2

„Buchidee" vorstellen

Zuvor fällen Sie die Entscheidung, welche einfache Buchform Sie für diese Einheit wählen möchten. Beispiele wären vier bis fünf leere DIN-A4- oder DIN-A3-Blätter, die mit einer Klemmleiste zusammengehalten werden. Das Heft erhält einen Umschlag aus farbigem Fotokarton im Format DIN A3. Der Titel lautet: „Buchstaben einmal anders". Es ist immer ratsam, den Schülerinnen und Schülern vorab ein leeres Exemplar zu zeigen.

Für jedes Kind wird ein solches Heft vorbereitet, die Kinder wählen anschließend ihre unterschiedlich farbigen Kartonhüllen und gestalten diese. Dabei geht es um die Fortführung und Erweiterung der ersten Experimentierphase. Das ganze DIN-A3-Format kann und darf bedruckt werden. Man kann es auch falten und hat dann eine Vorder- und Rückseite. Schwarze Druckfarbe wirkt gut auf dem Farbgrund. Der **Arbeitsauftrag** lautet: „Gestalte deine eigene Buchhülle. Du kannst viele oder wenige Buchstaben wählen."

Als **Anregung** werden die Ergebnisse der ersten Probierphase nochmals kurz aufgezeigt (Beispiele auswählen). Dies dient insbesondere schwächeren Kindern, die solche Ideen aufgreifen können.

Während der Druckphase beobachten wir die Kinder, geben, wo nötig, Hilfestellung und Tipps. Auf die gestalterischen Ideen sollte nicht eingewirkt werden, selbst wenn manche Kinder auch Wörter schreiben wollen.

Das endgültige Cover-Gesicht kann bis zum Schluss der Einheit noch überarbeitet werden, etwa mit Titel oder Namen.

Es ist auch möglich, auf der Rückseite des Deckblatts einen zweiten Versuch zu starten.

Möglicher Zwischenschritt: Bildbetrachtung

Statt Kunstbetrachtung soll hier eine Bildbetrachtung – vor oder nach dem Drucken des Deckblattes – die bildnerische Problemlösung anregen. Das Bildbeispiel (siehe Seite 30), das auf Folie kopiert werden kann, zeigt mehrere Abbildungen, die dem Buch „Muster und Ornament. Ein Bilder- und Lehrbuch" entnommen sind.

Die Grafiken heben spezifische Merkmale von Muster und Ornament hervor. Das gewählte Bildzeichen ist unseren Buchstabenzeichen nicht unähnlich. Die verschiedenen Variationen der Setzung und Vervielfachung des Zeichens weisen darauf hin, welche Fülle von grafischen Mustern sich ergibt.

Wenn die Abbildung auf Folie gezeigt wird, lassen sich auch Teile abdecken bzw. vergleichend gegenüberstellen.

Wir lassen die Schülerinnen und Schüler zunächst in Form einer Wahrnehmungsübung das Bild lesend entdecken (siehe Vorwort, Seite 6). Dabei stoßen die Kinder sehr wohl selbst auf Kriterien und können beschreiben, wodurch sich das Kombinieren der Formen unterscheidet.

Folgende Entdeckungen sind wahrscheinlich oder werden durch Impulse angeregt:

- Bandornamente (linear gerichtet)
- Zentrierte Ornamente (um eine Mitte)
- Zusammengefügte, flächige Muster mit unterschiedlicher Dichte und verschiedenen Richtungen der Anordnung
- Was gilt da? Weiße oder schwarze Form? (Umkippwirkung)

Indirekt wird sich diese Bildbetrachtung mehr oder weniger auf die folgenden Inhalte auswirken, insbesondere dort, wo Muster und Ornament gefragt sind.

Ein Rückbezug auf diese Bildvorlage kann auch später nochmals sinnvoll sein.

30

Erläuterungen zur Grafik auf Seite 30:
1 Grundform
2 Unregelmäßig gestreute, zufällige Muster, Form/Grund bleibt unberücksichtigt, Spannungsgefüge entsteht
3 Mustercharakter, lineare Struktur, kann beliebig in alle Richtungen fortgesetzt werden
4 Je klarer, dichter und näher die Formen zusammenrücken, desto bedeutsamer auch die Zwischenräume (Negativräume) und umso ornamentaler das Muster
5 Bandornamente/zentrierte Ornamente
6 Typischer Raster, Sonderform des Musters, Positivform und Negativform heben sich auf (Umkippen in der Wahrnehmung)

„Als **Muster** bezeichnet man Zusammenhänge von Zierformen, die sich sozusagen am laufenden Meter nach allen Seiten endlos fortsetzen lassen wie Tapeten und textile Muster. Die einzelnen Elemente können auch in weiten Abständen regelmäßig oder unregelmäßig gestreut sein …"

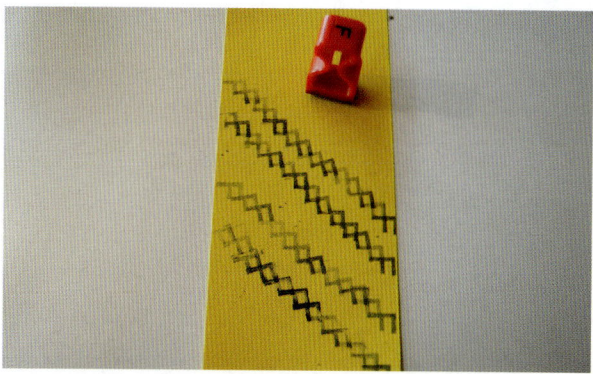

„Unter **Ornament** versteht man im Allgemeinen etwas Gefestigtes mit strengen Gesetzmäßigkeiten; man spricht vom ornamentalen Prinzip und verlangt klaren Bezug zum dekorierten Gegenstand."
(Ott-Peerenboom/Wünsch, S. 10)

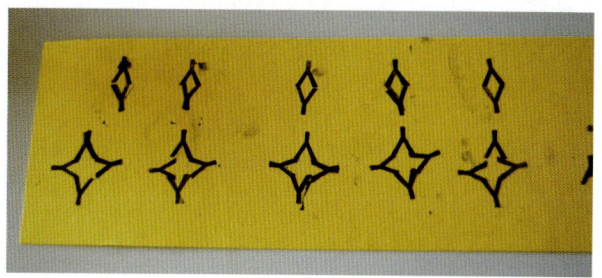

Phase 3

Den Einzelbuchstaben und seine Formqualität erkennen

Ein einzelner Buchstabe ist heute der Star. Er ist ein Baustein, aus dem sich viele Bilder bauen lassen. Der Buchstabe kann gelost werden oder jedes Kind wählt einen Lieblingsbuchstaben.

Der folgende **Impuls** „Schau dir den Stempel genau an! Woran erinnert dich die Form des Buchstabens?" kann durch ein Anschauungsmedium unterstützt werden: Mehrere „H's", auf Folie gedruckt und ausgeschnitten, werden auf den Tageslichtprojektor gelegt. Die Schülerinnen und Schüler beschreiben die Form und entwickeln mittels Legeversuchen Ideen, was man alles mit den H-Formen bauen könnte.

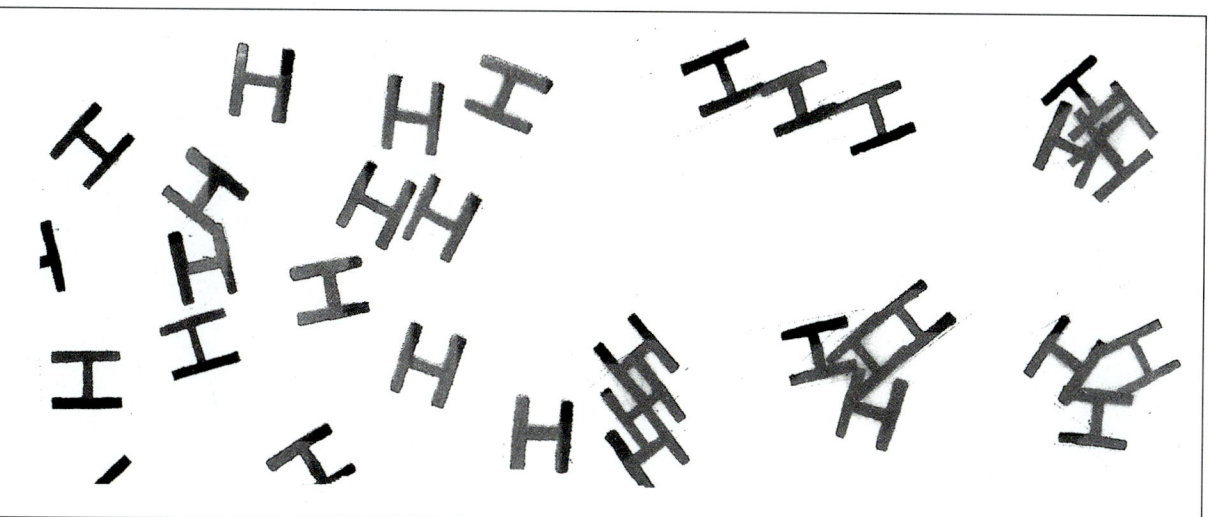

„Wenn dir nichts mehr einfällt, darfst du ein Kärtchen nehmen."
Solche **Wortkärtchen**, beschriftet mit Ideen, liegen bereit, auch für schwächere Kinder. Als Beispiele wären zu nennen: Puppe, Schirm, Segelboot, Auto, Schmetterling, Schnecke…

Die Arbeitszeit beträgt circa 30 bis 45 Minuten, die Fortführung kann auch auf die Freiarbeit ausgedehnt werden. Achten Sie darauf, genügend unterschiedliche Papiere bereitzustellen, auch Zeitungspapier!

Zum Schluss wählt jedes Kind seine besten Ergebnisse und klebt diese auf ein Doppelblatt in das Heft. Beim anschließenden **„Museumsrundgang"** nehmen alle Einblick in die entstandenen Seiten.

Wenn die Zeit noch reicht, kann ein kurzes **Nachgespräch** klärend sein: War die Aufgabe schwierig? Wenn ja, warum? Was hat dir am meisten Spaß gemacht?

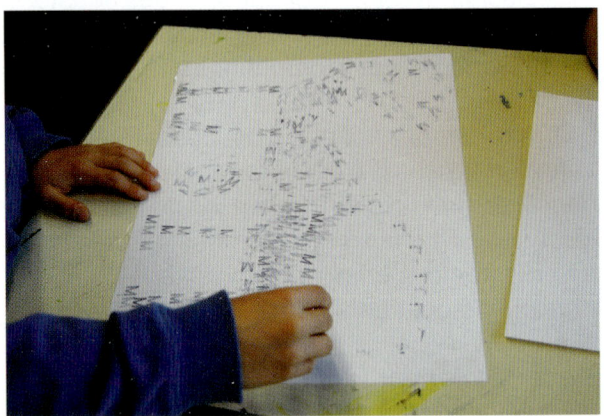
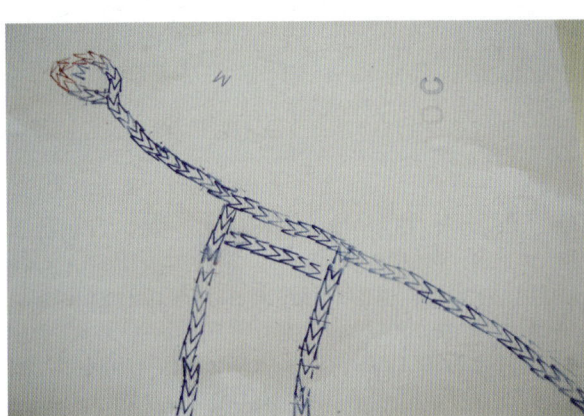
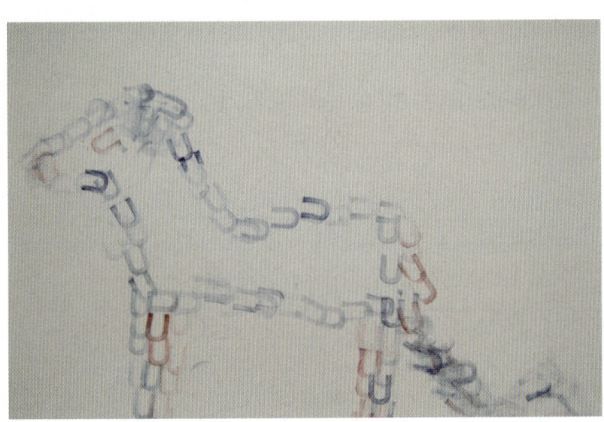

Phase 4

Sensibilisierung für Farbunterschiede und Druckqualität

Immer wieder zeigt sich, dass Kinder mit Druckergebnissen nicht zufrieden sind und mit Pinsel oder Stiften ausbessern. Es fällt ihnen schwer, zu erkennen, was den Reiz von Druckspuren ausmacht, was die Einmaligkeit eines Abdrucks bedeutet. Das sollte sensibel erfahrbar werden, damit es akzeptiert wird.
Eine Möglichkeit wäre, einen **Wettbewerb** zu veranstalten. „Wer kann die meisten Drucke mit einem nur einmal eingefärbten Stempel machen?"
Die Stempelkissen werden neu mit Farbe gefüllt, jedes Kind bekommt lange Papierstreifen. Bevor es losgeht, werden Wetten angenommen – dabei zeigt sich, dass die Möglichkeiten weit unterschätzt werden.
Nach der Aktion begutachten wir die Ergebnisse. Die zarte, hauchfeine Farbigkeit (Grauwerte) wird die Kinder beeindrucken. Erste Ideen werden geäußert, wie daraus Muster entstehen können …

Nun liegen auch andere Papierformate bereit, um neue Möglichkeiten mit unterschiedlichen Tonwerten auszuprobieren. Das können Quadrate oder Kreise sein oder, wie in dem hier gezeigten Beispiel eines Ostereis, eine der Jahreszeit entsprechende Form.
Tipp: Wer nur schwachfarbig drucken will, kann seinen Stempel nach dem Einfärben zunächst auf Zeitung abdrucken, bis er heller druckt.

Diese Experimentierphase kann durchaus auch mit einer **Gestaltungsaufgabe in Partnerarbeit** verbunden werden. Folgendes Motiv wäre möglich: Auf ein großes Papier wird ein Pullover in Kindergröße gezeichnet. Die Form wird ausgeschnitten und von den beiden Kindern mit Mustern bedruckt. Alle Buchstaben sind zulässig. Wichtig: Modefarbe Grau – der Pullover soll viele verschiedene, hell- bis dunkelgraue Muster erhalten.

Phase 5

Partnerspiel mit zwei Buchstaben (Freiarbeit)

Weil sich X und Y beim Schreiben so oft langweilen, dürfen sie jetzt mal besonders oft in Aktion treten. Später wählt jeder Partner auch einen anderen Buchstaben.

Die Regel des Partnerspiels lautet: Jeder darf achtmal drucken, dann führt seine Partnerin/sein Partner das begonnene Werk nach eigener Idee weiter und darf ebenfalls achtmal drucken. Das geht so lange, bis beide mit dem Werk zufrieden sind.
Die Spielidee kann durch Motive eingegrenzt werden, z. B. Gesichter, Tiere.

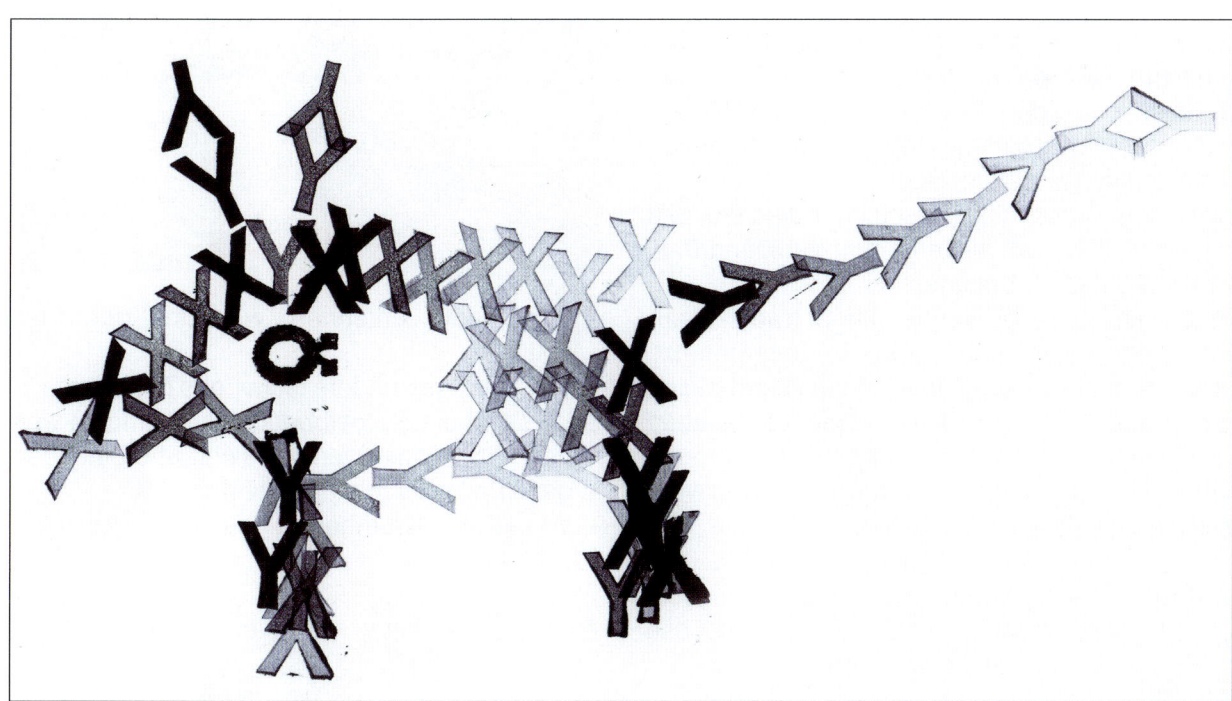

Phase 6

Buchstabensalat oder Buchstabensuppe?

In dieser Unterrichtssequenz wird ein klarer **Gestaltungsauftrag** formuliert: „Was hätten Sie denn gerne? Buchstabensalat oder Buchstabensuppe?"

Möglich wäre auch, diese Phase erst dann einzuschieben, wenn das Moosgummialphabet genutzt werden kann (Phase 7).

Jedes Kind entscheidet sich für eines der Gerichte. Günstig ist es, auf DIN-A3-Format zu arbeiten. Die Schülerinnen und Schüler klären, was ins Bild kommt: Suppe im Suppenteller, Salat in einer Schüssel/Schale.

Nach dem Drucken der Buchstaben wird das Bild mit Farbstiften o. Ä. weitergemalt: Suppenbrühe, Löffel, Tischtuch, Salatbesteck …

In diesem Beispiel wurde die Schwarz-Weiß-Kopie eines Suppentellers als Vorlage genutzt. Eine Alternative wäre, die Aufgabe zuerst malen zu lassen und zum Schluss mit Buchstaben auszustempeln. Vielleicht gibt es Kinder, die alles mit Buchstaben drucken wollen – das wäre schwieriger, aber eine tolle Idee!

Die Endprodukte schauen wir uns gemeinsam an. Mögliche **Impulse** für die Reflexionsphase nach dem freien Gespräch wären:

- Kann jeder erkennen, was das darstellen soll?
- Was sieht besonders lecker aus? Warum?
- Wie sind die Buchstabendrucke gemacht worden? Dicht oder weniger dicht, übereinandergewürfelt oder locker verteilt …
- Wie ist das Drumherum gelungen? (Esstisch, …)

Zum Schluss findet das Werk seinen Platz im Buch.

Phase 7

Größere Druckbuchstaben einführen

Nach der Arbeit mit den sehr kleinen Stempelbuchstaben sollen nun größere Stempel einen neuen Anreiz schaffen. Zu diesem Zweck kommen selbstgefertigte Moosgummi-Alphabete zum Einsatz. Dazu benötigen Sie Moosgummiplatten mit einer Stärke von circa 3–4 mm, die Sie in kleine Rechtecke der Größe 6 cm x 4 cm zuschneiden. Darauf übertragen Sie ein Alphabet in Großbuchstaben. Geeignet ist die serifenlose Schrift „Arial". Schneiden Sie die Buchstaben anschließend mit der Schere aus. Die zum Kauf angebotenen Alphabete sind leider rundlich und verschnörkelt und wenig geeignet, um damit Formen zu gestalten.

Zum Einstieg dient eine kleine Tastübung im Sitzkreis: Mit geschlossenen Augen, allein mit den Händen ertasten die Schülerinnen und Schüler nacheinander die weichen, ausgeschnittenen Buchstaben. Wer sicher ist, den Buchstaben erkannt zu haben, legt ihn vor sich auf den Boden. Das verlangt von den Kindern schon einiges an Abstraktionsvermögen, da die Buchstabenformen sich auch spiegelverkehrt präsentieren.
Diese Übung ist deshalb wichtig, weil im weiteren Verlauf durch spielerisches Ausprobieren beim Drucken die Buchstabenrückseite Bedeutung erlangt: Die meisten Buchstaben müssen spiegelverkehrt gedruckt werden, damit die korrekte Form zum Vorschein kommt. Dies ist eine wichtige Lernchance für angehende „Druckprofis", die mit der „Trial-and-Error-Methode" erfahrbar gemacht werden sollte, also ohne, dass die Kinder dazu angeleitet werden.

Erst wenn dieses geklärt ist, gelingt es, das bisher genutzte Stempelalphabet mit neuen Augen zu betrachten. Jetzt können die Moosgummistempel auf die Holzklötzchen geklebt werden. Eine Kontrolle vor dem Kleben ist notwendig, dabei hilft die Spiegelprobe! Alternativ kann auch die Lehrerin/der Lehrer das Kleben übernehmen.

Die neuen Stempel werden in einem Karton aufbewahrt und jedes Mal sauber abgestempelt. Wird mit wasserlöslicher Linoldruckfarbe gedruckt, können die Stempel zum Schluss auf einem feuchten Tuch abgedruckt werden.
Zur Einweihung der neuen Stempel erhalten die Kinder selbstgefertigte Stempelkissen. Dafür werden Haushaltsschwämme aus Kunststoff oder zurechtgeschnittene, dicke Schwammtücher in Aluschalen oder Dosendeckeln ausgelegt und mit Linoldruckfarbe eingefärbt. Ein Kissen reicht für vier bis sechs Kinder. Am Ende der Stempelaktion müssen die Schwämme gut ausgewaschen werden. In Folientüten verpackt, kann man mit den eingefärbten Stempelkissen aber durchaus zwei bis drei Tage arbeiten.
An dieser Stelle bietet sich eine offene Experimentierphase auf Zeitungspapier an, da jetzt mit Farbe gedruckt wird. Eventuell könnten auch die Rückseiten der Deckblätter des Buches (siehe Seite 29) neu gestaltet werden.

Phase 8

Großformatige Gruppenarbeit „Wunderblüte"

Wir arbeiten weiterhin mit Moosgummistempeln. Vier bis sechs Kinder arbeiten zusammen an einem Doppeltisch. Dieser ist mit einem großen Papier (Tapetenbahnen, Makulaturrolle, Papiertischtuch, helles Packpapier) bedeckt, das fixiert wird. Jeder Tisch erhält ein oder zwei Stempelkissen mit Farbe. Jedes Kind wählt einen Stempel aus.
Nach einiger Zeit werden die Stempelkissen zwischen den Tischen getauscht, sodass mit vielen Farben gearbeitet werden kann. Alternativ wäre auch eine zweifarbige Auswahl denkbar, auch könnten nach einiger Zeit die Stempel gewechselt werden.

Aus der **Aufgabenstellung** „Wir lassen eine riesengroße Wunderblüte wachsen" entwickelt sich die Form im Draufblick aus der Mitte heraus. Die Blüte wächst und wächst, entfaltet ihre ganze Schönheit aus vielen Mustern und Dekorationen. Alles entsteht aus vielen Stempeldrucken, mal hell, mal dunkel, die auch übereinander gedruckt werden dürfen. Damit kein Streit und keine Kompromisse die Aktion stören, einigen wir uns auf die Regel: Jeder stempelt seine eigene Idee – solange warten die anderen und schauen zu.
Zeitaufwand: mindestens eine Doppelstunde.

Die „Riesenblüten" werden auf den Tischen belassen, damit gleich im Anschluss an das Drucken der **„Museumsrundgang"** starten kann. Alle betrachten alles und würdigen vergleichend die verschiedenen Ergebnisse. Die Gesprächsrunde findet jeweils an einem Tisch statt. **Impulse** können hier sein: Entdeckungen, Überraschendes, Mustervielfalt, Farbigkeit, Mischfarben, Dichte und Größe, Form der Blume … erinnert mich an …

Damit die Schülerinnen und Schüler eine solche Blüte auch in ihr Buch stempeln können, wird das Thema auf die Freiarbeit verlagert. Jedes Kind erfindet seine eigene Wunderblüte. Gearbeitet wird auf DIN-A3-Blättern, die zum Quadrat beschnitten wurden, das ergibt eine Doppelseite.

Weitere Impulse für die Freiarbeit

- HAUS FISCH AUTO …
  Baue aus den Buchstaben eines Wortes den Gegenstand nach. Du kannst dabei jeden der Buchstaben mehrfach benutzen.
  Hier kann auch mit Groß- und Kleinbuchstaben gearbeitet werden.

- Schmuckblätter
  Fertige einen gedruckten Rahmen für ein Schönschreibblatt an. Erfinde Muster dafür. Innen wird später eine Schreiblineatur aufgeklebt.
  Das geht auch mit Silbenketten, die hübsche Muster ergeben.
  – Lalulalula …
  – Simsalabimsimsalabim …
  – Hokuspokus …
  – Tippitippitip …

- Wild gewordene Wörter
  Nonsenswörter bauen und zu lesen versuchen. Füge ohne nachzudenken acht bis zehn Buchstaben hintereinander. Dann lies das „Wort"!

3 „Illustrare":
Viereck, Dreieck, Kreis – was wird daraus, wer weiß?

Leporello

Bilderbuch mit Papiercollagen

Fachbezug Kunst
- Materialbegegnung
- spielerisches Experimentieren
- Buchidee <Leporello>
- Bilder "bauen" (Collagen)
- Text/Bild montieren

Fachbezug Mathematik / Geometrie

Fachbezug Deutsch / Sprache
- Text kennenlernen
- Inhalt klären
- Textteile gliedern
- offener Schluss …
- Text/Bild montieren

Freiarbeit
- Differenzierung
- Selbststeuerung
- Arbeitstemporegulierung
- offener Schluss …
- Ideen für eigene Fortführung in Bild u. Text

Sibylle Hirth-Schaudt: Das kreative Kunst-Portfolio für die Grundschule · 1./2. Klasse · Best.-Nr. 511
© Brigg Pädagogik Verlag GmbH, Augsburg

Viereck, Dreieck, Kreis – was wird daraus, wer weiß?

❶ Im Lehrmittelzimmer einer Schule
lag eine Schachtel, deren Inhalt
schon lange nicht mehr gebraucht wurde.

❷ Schau hinein und du entdeckst …
richtig! Lauter fein säuberlich geschnittene
Vierecke, Dreiecke und Kreise.

❸ Weil sich keiner mehr um sie kümmerte,
dachten sie nach über neue Spiele,
um sich die Langeweile zu vertreiben
und den Staub abzuschütteln.

❹ „Wir machen einen Wettbewerb,
wer am besten zaubern kann!"
sagte der Kreis.
„Die Regel ist einfach, jeder bekommt gleich viele Teile,
das sind 12 Formen, und es kann losgehen!"

❺ Das Dreieck rief begeistert:
„Klar, das Spiel heißt:
**Viereck, Dreieck, Kreis –
was wird daraus, wer weiß?**"
„Okay, ich fange an", rief das große rote Viereck,
wählte 12 Vierecke und zauberte
ein architektonisches Wunderwerk.

❻ Das grüne Dreieck zögerte ein bisschen
und mixte dann Vierecke und Dreiecke,
12 Teile in kunterbunten Farben.

❼ Am schlauesten war der Kreis.
Er musste zwar auch streng nach der Regel
mit 12 Formen auskommen.
Viereck, Dreieck, Kreis …
Aber er konnte sich nicht entscheiden
und probierte und probierte und probierte …

❽ Kaum hatte er eine Idee gefunden,
da fiel ihm schon wieder etwas Neues ein …

Kunstdidaktische Inhalte und Ziele

Gestaltungsaufgabe

Eine kleine Geschichte dient als Textvorgabe und wird zu einer einfachen Bildergeschichte ausgebaut. „Illustrare" heißt erleuchten, erhellen. Das geschieht mit Bildern, die der Geschichte Form und Farbe verleihen.
Die Bilder sind Klebebilder/Collagen aus vorgegebenen geometrischen Papierformen. Aus den entstandenen Bildern wird ein Faltbilderbuch in Form eines Leporellos.

Text

Der Text handelt von einem mathematischen Lehrmittel, genauer gesagt, von einer Schachtel, in der sich geometrische Grundformen befinden. Diese werden lebendig und vertreiben sich die Langeweile mit einem Spiel, bei dem aus zwölf geometrischen Papierformen etwas „Neues" gezaubert werden soll. Der Text endet mit der offenen Aufforderung, immer neue Figuren zu erfinden. Dabei ist alles möglich: Formen, Figuren, Muster, Tiere, Menschen, Bauwerke, Gesichter, Blumen, Fahrzeuge …
Die Wahl der zwölf Formen, deren Größe, Form und Farbe variabel ist, darf später auch variiert werden (neue Regeln erfinden).
Das offene Ende soll die Kinder zu freier Arbeit motivieren. Darüber hinaus kann es ihnen indirekt vermitteln, wie in künstlerischen Prozessen mit dem Mittel des Experimentierens und spielerischen Erprobens „gezaubert" wird und durch immer neue, kreative Schübe neue Ideen entstehen.

Bezug Bildende Kunst

> „Beim prozesshaften ‚Machen' (R. Pfennig, 1970), beim Finden und Lösen von gestalterischen Aufgaben, aber auch beim Betrachten und Beurteilen eigener und fremder Arbeiten, von Kunstwerken und ästhetischen Objekten aller Art spielt bildnerisches Denken eine wichtige Rolle. Es ist bei Vorschulkindern als ein inneres Vergegenwärtigen von Welt in bildhaften Vorstellungen angelegt. Anders als bei einem Denken in Begriffen beruht es auf einem anschaulichen Denken in Gegenständen, Materialien, Formen, die gestalthaft gedeutet und in vielfältiger Weise zueinander in Beziehung gebracht werden."
> (H. Burkhardt, 1995)

Bei der vorliegenden Aufgabenstellung werden elementare Lernprozesse in Gang gesetzt, die sich auf zwei wichtige, gestalterische Grundprinzipien beziehen:

1. Das Finden von Formen, Artikulieren und Differenzieren von Zeichen

Dabei sollen die Kinder „aus der Fülle der gegenständlich sichtbaren Welt Formen, Farben, Figuren wahrnehmen, ausgrenzen, sie als mögliche Bildzeichen herstellen und verstehen." (H. Burkhardt, 1995)
Die geometrischen Urformen kennen Kinder bereits aus ihrer Umwelt, nicht nur aus der Mathematik. Diese Urformen lassen sich durch Kombination umstellen, umdeuten und zu einem neuen Formzeichen, zum Beispiel einem Turm, arrangieren.
Der Veränderungsprozess erfolgt spielerisch-experimentell durch Legen, Verändern, Finden mit nahezu unendlichen Möglichkeiten. Das kommt der Altersstufe entgegen und lässt der Öffnung hinsichtlich freier Arbeit großen Spielraum.

2. Ordnen und gruppieren

Dieses gestalterische Grundprinzip kennen Schülerinnen und Schüler durch die additive Tätigkeit der Collagetechnik.
„Formen … Figuren als elementare bildnerische Bausteine erkennen und sie zu größeren Zusammenhängen ordnen und gruppieren." (H. Burkhardt, 1995)

Durch das Reflektieren und Vergleichen unterschiedlicher Schülerarbeiten – Kunstwerke inbegriffen – wird die Eigenproduktion angeregt und differenzierter in ihren Ausdrucksweisen. Dabei ist es unbedingt erforderlich, dass die Kinder durch keinerlei Einschränkungen gegängelt werden und die Offenheit bezüglich Material und Motiven gewährleistet ist.

Bezug Grundschulmathematik

Schon in Klasse 1 und 2 beginnt der Umgang mit den geometrischen Grundformen Quadrat, Rechteck, Dreieck, Kreis. Die Eigenschaften der Flächenformen werden handlungsorientiert studiert: Symmetrieeigenschaften, Faltachsen, Parkettierung u.a. Dabei wird die Anzahl und Begrifflichkeit der Vielecke immer differenzierter, z. B. Drachen, Parallelogramm, Raute. Als kleiner Ausflug in die ästhetische Nutzung der Flächenformen sind kreative Auslegeaufgaben (Flächengestaltungen) auch im Mathematikunterricht vorgesehen.

Hier ist der Anknüpfungspunkt zum Fach Kunst nahe liegend. Die einfachen geometrischen Formen üben auf Kinder eine große Anziehungskraft aus und sind im additiven Entwickeln übergeordneter Formen ideal einzusetzen, auch, weil Kinder an das dreidimensionale Bauen der Vorschulzeit, beispielsweise mit Bauklötzen, anknüpfen können.

Material

- Reichlich vorgeschnittene Formen aus Papier
- Schere und Klebestift

Zum Zuschneiden der geometrischen Formen eignen sich farbige Papiersteifen aus Tonpapier, Fotokarton u.Ä. mit einer Breite von circa 2 bis 4 cm (siehe auch Arbeitsschritt Vorbereiten der Grundausstattung, Seite 44).

Die Sammlung wird in Schuhkartons bereitgestellt, nach Formen getrennt. Auf Wunsch können die Schülerinnen und Schüler in das Herstellen der Formen einbezogen werden.

Kunstwerke/Kunstbetrachtung

Viele Künstler der Moderne, allen voran die des Konstruktivismus und Suprematismus, haben sich mit dem geometrischen Formenschatz auseinandergesetzt: Paul Klee, El Lissitzky, Piet Mondrian, Wassily Kandinsky, Victor Vasarely, um nur einige zu nennen.

Es ist reizvoll, das eine oder andere Werk einzubeziehen, wenn der Arbeitsprozess der Kinder „reif" für die geplante, anspruchsvolle Wahrnehmungsübung ist (siehe auch Unterrichtsschritte).[1]

Erste Schritte

Die erste Begegnung mit dem Material (spontane Probierphasen) erfolgt im freien Experimentieren mit zwölf Formen, ausgehend von der Geschichte. Es wird sich ergeben, dass manche Kinder die Formen aneinanderfügen oder überschneidend arbeiten, beides ist eine mögliche Lösung.

Die Buchidee eines **Leporellos** wird vor Beginn des Gestaltungsauftrags erläutert, damit über das Ziel von vornherein Klarheit besteht. Dabei gibt es Modelle mit unterschiedlichem Schwierigkeitsgrad.

Weil keine Bindung notwendig wird, ist die Klappfaltung eine einfache Möglichkeit, ein „Buch" zu fertigen. Vorder- und Rückseiten werden bebildert, das Buch kann wachsen und auch später beliebig erweitert werden. Derartige Bilderbücher können auch sehr schön präsentiert werden: aufgefaltet und stehend, lassen sich beide Seiten betrachten.

---

[1] Im Bilderbuch „Graf Tüpo" von M. Bofinger findet sich, mit Bezug auf den Künstler El Lissitzky, die originelle Anregung, mit geometrischen Formen zu spielen.
Das bekannte Siebenschlau-Brettspiel, auch als Tangram bekannt, lässt sich ebenfalls als Medium einbeziehen.

Praxisblock: Unterrichtsschritte

Themenzentriertes Arbeiten setzt voraus, am Thema zu bleiben, in diesem Fall als projektorientierte Unterrichtssequenz (vorzugsweise in Klasse 2) über sechs bis zehn Unterrichtsstunden. Im Anfangsunterricht ist es ja möglich, flexibel mit der Unterrichtszeit umzugehen und das Fach Deutsch zu integrieren. Später verlagert sich die Fortführung in die Freiarbeit mit vorgegebenem Zeitrahmen (Präsentation).

Methodische Vorgehensweisen

An dieser Stelle sei darauf verwiesen, dass es unterschiedliche Herangehensweisen gibt. Nicht jede Klasse ist gleich zu behandeln, Unterrichtsstile sind individuell.
Offenheit als kunstdidaktische Grundkonzeption sowie Wege zu möglichst großer Selbstständigkeit bei Kindern zu eröffnen und selbstgesteuerte Freiarbeit anzubahnen sind die Basis der hier dargestellten Vorgehensweise.

- Vorbereiten der Grundausstattung (im Vorfeld)
- Geschichte kennenlernen – Erstbegegnung mit dem bildnerischen Material (Phase 1)
- Textverständnis und Klärung/Sicherung des Inhaltes (Phase 2)
  Wir zaubern weiter mit zwölf Formen
- Mögliche Kunstbetrachtungen (Phase 3)
  W. Kandinsky, „Dreizehn Rechtecke", 1930, und P. Klee, „Freundliches Spiel", 1933
- Daraus wird ein Buch: Ein Leporello, was ist das? (Phase 4)
- Textvorlage auf Leporello übertragen (Phase 5)
- Mögliche Kunstbetrachtungen als Zwischenimpuls
- Offene Freiarbeit (Phase 6)
- Präsentation

Vorbereiten der Grundausstattung

Für die geometrischen Papierformen verwenden Sie Papierstreifen, die an der Schneidemaschine in 2 bis 4 cm Breite auf Vorrat geschnitten werden. Besonders geeignet sind farbige Tonpapiere, Fotokarton, Packpapier u. a. Für die grafische Wirkung ist auch Schwarz unbedingt erforderlich. Quadrate, Rechtecke und Dreiecke lassen sich am besten nach Augenmaß mit der Schere aus den Streifen schneiden.

Aufwändiger sind die Kreise: Münzen oder runde Plättchen werden mehrfach mit Quadraten unterlegt und an der Rundung entlang mit der Schere ausgeschnitten.

Die zugeschnittenen Teile werden getrennt nach Formen in Schachteln aufbewahrt. Es empfiehlt sich, immer Streifen und größere Papiere als Vorrat bereitzuhalten. Wenn für die Erstbegegnung der Formenschatz aus der Schachtel „gezaubert" wird, gelingt – nach Lesen des Textes – ein echtes Aha-Erlebnis.

Die Schülerinnen und Schüler verlangen ganz von selbst später danach, selbst Formen ausschneiden zu dürfen. Dies sollte in jedem Fall unterstützt werden, das betrifft auch mitgebrachte Papiersorten. Als Papierschnitthilfe ist auch der

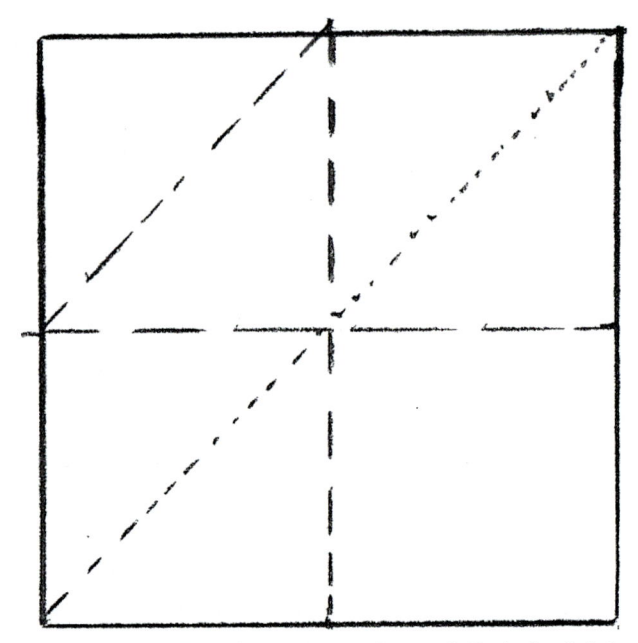

5 cm x 5 cm große Quadrate werden nach Bedarf gefaltet und durch Halbieren geteilt. Das können die Kinder selbstständig, zumal es nicht auf mathematische Genauigkeit ankommt. Dennoch erkennen sie in diesem Arbeitsprozess indirekt die Funktionalität der Formen untereinander.

Formenschatz aus der Zeit der Mengenlehre gut zu gebrauchen.

Phase 1

Geschichte kennenlernen – Erstbegegnung mit dem bildnerischen Material

Bewusst sollte zwischen dem Textvortrag und der Erprobung des Materials kein Zerreden stattfinden. Es kommt auf die spontane Umsetzung an.

Sitzkreis: In der Mitte steht ein geheimnisvoller Schuhkarton.
Die Lehrerin/der Lehrer trägt den Text vor: „Viereck, Dreieck, Kreis – was wird daraus, wer weiß?" (siehe Seite 41).
Der Karton wird geöffnet und wortlos ein Mix aus allen Formen ausgekippt. Jetzt erfolgt der **Arbeitsauftrag**, auszuprobieren, was sich mit zwölf Teilen alles zaubern lässt. Die Klasse arbeitet mindestens fünf Minuten lang am Platz, Tischfläche genügt.

Nach der „Zauberphase" wandern alle von Tisch zu Tisch und besichtigen die Ergebnisse. Die Kinder bleiben vor Ort an einem fremden Bild stehen – im Klassengespräch äußern sie ihre Beobachtungen. Für die Reflexion der Ergebnisse können Hilfestellungen in Form von **Impulsen** gegeben werden: Sind Figuren erkennbar? Welche Farben, welche Formen kamen zum Einsatz? Gibt es Überschneidungen?

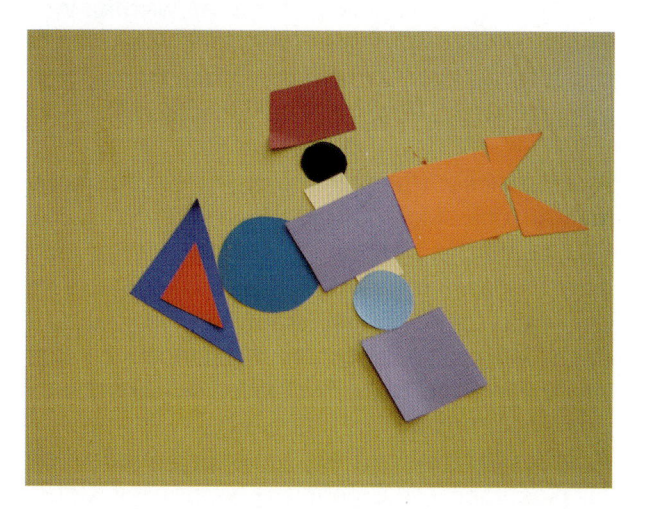

Das prozessorientierte Vorgehen legt nahe, die ersten Ergebnisse nicht zu fixieren. Mit spielerischen Mitteln können diese aufgelöst werden, z. B. Wind verbläst die Formen ... Zum Schluss wandern die Teile wieder in die Schachtel zurück.

Abschließend könnte der rhythmische Vers „Viereck, Dreieck, Kreis – was wird daraus, wer weiß?" einen spielerischen Ausklang bilden: sprechen, gehen, mit Körperinstrumenten begleiten. Vielleicht lässt sich daraus auch ein Ritual für kommende Unterrichtsstunden entwickeln.

Der Ausblick, dass die Geschichte uns noch einige Zeit beschäftigen wird, beschließt die Phase.

Phase 2

Textverständnis und Klärung/ Sicherung des Inhaltes

Die zweite Begegnung mit dem Text kann unterschiedlich gehandhabt werden: durch erneutes Vortragen und anschließende Gesprächsrunde, durch Lesen der Geschichte, durch verschiedene Textteile, die wieder in die richtige Ordnung gebracht werden müssen.

Zur Klärung sind folgende **Impulse** wichtig: Wer spielt mit? Ort? Welche Spielregel? Was macht das rote Viereck? Was machen das grüne Dreieck, der Kreis? Wie endet die Geschichte?

Auch in dieser Phase sollte die Aktivität auf das bildnerische Material bezogen werden. Drei Gruppentische sind gekennzeichnet: rotes Viereck, grünes Dreieck und Kreis. Daneben liegt der jeweils zugehörige Textausschnitt. Die Kinder wählen einen Tisch und beginnen mit der Umsetzung des Textausschnittes auf einem weißen Papierbogen.

Anschließend erfolgt die erste **Ergebnisrunde** mit Gespräch. Die Ergebnisse werden mit Klebestift fixiert. Falls Zeit und Motivation es erlauben, können die Gruppen ausgetauscht werden.

Phase 3

Mögliche Kunstbetrachtungen: W. Kandinsky, „Dreizehn Rechtecke", P. Klee, „Freundliches Spiel"

Wie in der Einführung ausführlich dargestellt (siehe Seite 6), dient die Begegnung mit Kunstwerken wichtigen Lernzielen. Die Wahrnehmungsübung steht immer im Vordergrund. Jenseits flüchtiger Alltagssehgewohnheiten wird das Kunstwerk dabei über länger verweilende, explorierende Wahrnehmung erkundet. Viele Kinder tragen im Klassengespräch auch aus ihrer subjektiven Sicht etwas zur bildnerischen Aussage bei. So wird durch verschiedene Sichtweisen auch die Erfahrung möglich: Bilder sind mehrdeutig! Die Auswahl der Kunstwerke steht in Zusammenhang mit der Gestaltungsaufgabe, d.h. die Kinder erkennen in den Kunstwerken Elemente (geometrische Formen), mit denen sie selbst zu tun hatten. Das gibt Anlass zum Vergleichen und regt neue Ideen an.

Die beiden Werke von Kandinsky und Klee wurden ausgewählt, weil sich die Künstler in ihrer Bildsprache mit geometrischen Formen befassen, dies aber frappierend anders tun, als es die Kinder in ihrer experimentellen „Zauberphase" erfahren haben.

Übrigens: Wundern Sie sich nicht, Kinder im Grundschulalter finden auch in hochgradig abstrakten Bildern oft etwas, das sie „wiedererkennend" auf Gegenständliches rückbeziehen, z. B. einen Skorpion.

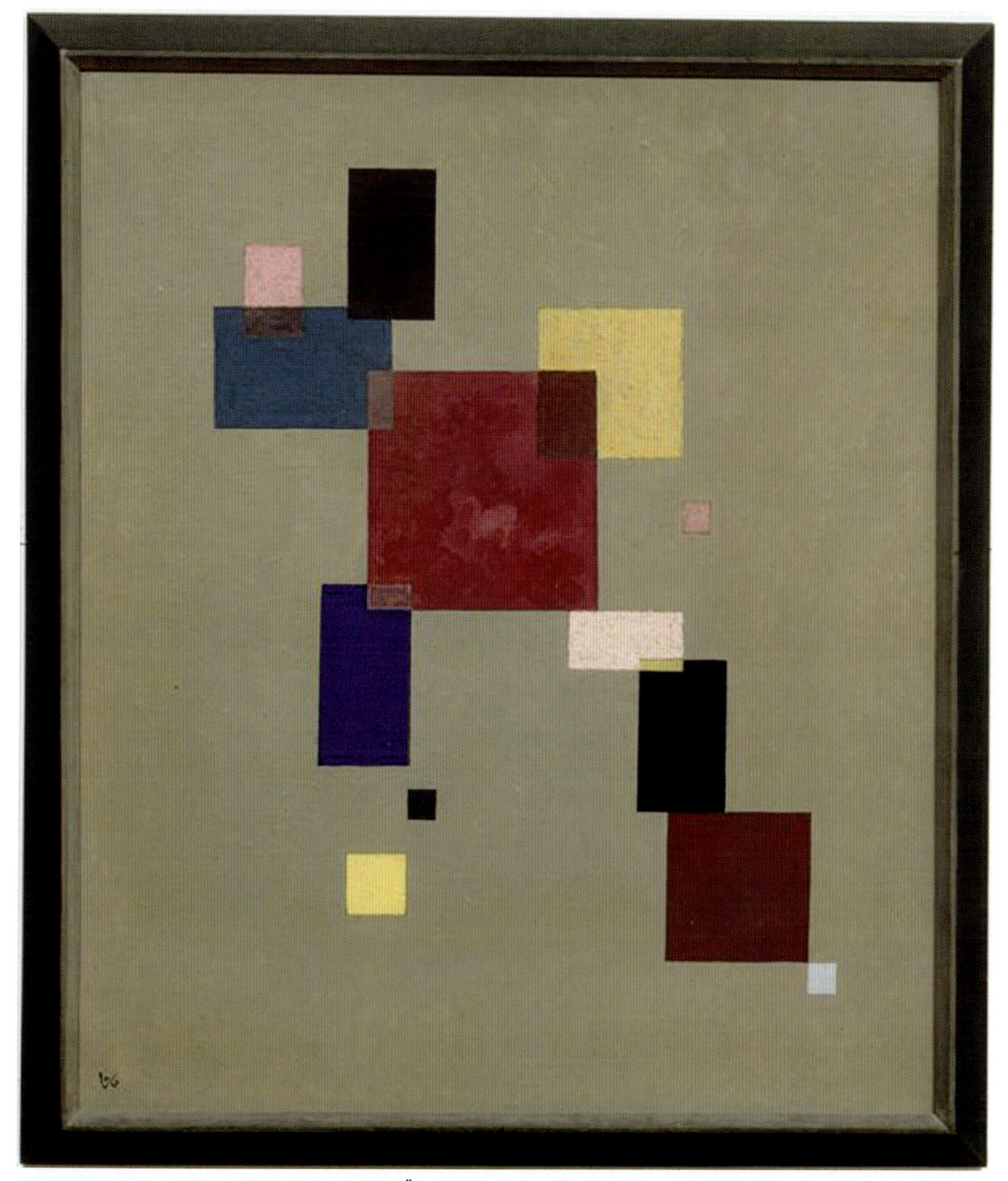

Wassily Kandinsky: Dreizehn Rechtecke, 1930. Öl auf Karton 69,5 cm x 59,5 cm. Musée National d´Art Moderne, Centre Pompidou, Paris

Bild 1: Wassily Kandinsky: Dreizehn Rechtecke, 1930

Das Werk von Kandinsky zeigt einen statischen, konstruktivistisch anmutenden Umgang mit geometrischen Formen, wobei Dreieck und Kreis ausgespart bleiben. Die farbigen Rechtecke, sieben davon Quadrate, sind unterschiedlich groß, streng horizontal/vertikal angeordnet und überschneiden sich teilweise. Die im Werk Kandinskys überwiegende „Bewegtheit der Figuren" fehlt. Da zehn der Formen sich berühren, entsteht eine Diagonalwirkung im Bild, nur drei Quadrate stehen frei im Raum.

Die Farben der Rechtecke wirken sehr unterschiedlich und heben sich in ihrer Leuchtkraft mehr oder weniger stark von der ocker-grünlichfarbenen Grundfläche ab.

Das rote, malerisch fleckige Quadrat, das in etwa mittig im Vordergrund steht, ist das größte der Formen und erhöht die Spannung der Komposition.

Paul Klee: Freundliches Spiel,1933, 310, Aquarell auf Gips; originaler Rahmen, 27,5 cm x 30 cm, Stiftung Sammlung Dieter Scharf zur Erinnerung an Otto Gerstenberg, Berlin

Bild 2: Paul Klee: Freundliches Spiel, 1933

Das Werk zeigt eine flächige Durchrasterung mit farbigen, geometrischen Formen, die dicht aneinandergefügt die gesamte Fläche füllen. Ein feiner Rand rahmt die Bildfläche.
Die flächenbildenden Elemente erinnern an Kachelwände, Teppiche oder Fußböden. Aus der geometrischen Formenwelt finden sich Vierecke, Dreiecke, Quadrate, Kreise, Raute und Parallelogramm. Die Formen sind frei Hand gezeichnet, krumm und schief. Nur zwei kleine Formen sind nicht geometrisch.
Kennt man den Titel, so kann die Fläche als Spielfeld gedeutet werden, auf dem einige Spielfiguren liegen/stehen. Kennt man den Titel nicht, können andere Mutmaßungen zur Mehrdeutigkeit beitragen.
Das Werk ist in einer zarten Farbigkeit und mit malerischem Farbauftrag gemalt. Die Konturen sind schwarz gezeichnet. Nichts kann die freundliche Stimmung stören.

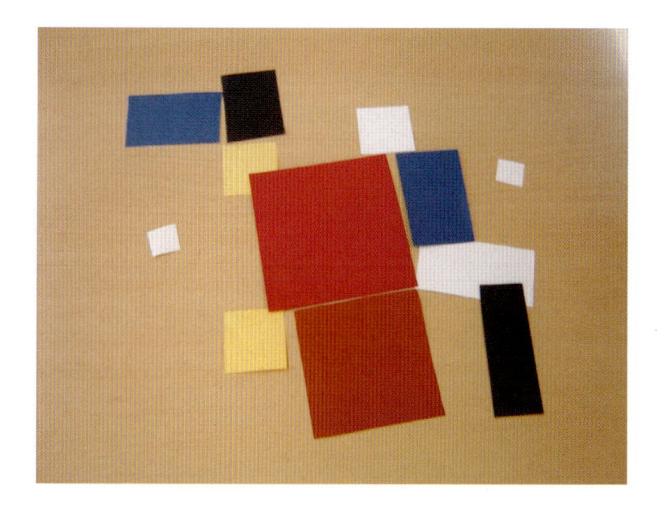

Bild 1: Kandinsky (nach der ersten Experimentierphase)

Aus den ersten Beobachtungen/Äußerungen erwachsen viele weitere **Impulse**, die die Lehrerin/der Lehrer bewusst aufgreift, um die verschiedenen Wahrnehmungsarten zu aktivieren.

- Welche Formen, wie viele Formen, Überschneidungen mitgerechnet?
- Kein Dreieck, kein Kreis ... aber 13 Rechtecke. Untersucht diese genauer!
- Welche Teile berühren sich? Alle?
- Farben: Schließe die Augen. Wenn du sie öffnest, blicke auf das Werk und beobachte, welche Farben dir in die Augen springen.
- Zufall oder nicht? Die Lehrkraft demonstriert das Fallen mehrerer Papierformen. Wie sind die Formen angeordnet? Eventuell die Begriffe horizontal/vertikal klären.
- Falls ein Wesen entdeckt wurde, wie könnte der Titel des Werkes lauten? Sollte vielleicht gar kein Ding „gezaubert" werden?
- Bild mehrfach drehen.

Zum Schluss sollten sich die Kinder das Bild noch zwei Minuten sehr genau anschauen und einprägen.

Tipp: Kleine Spielerei in Vierergruppen: Jede Gruppe erhält ein DIN-A4-großes Packpapier, Scheren und farbige Papiere oder Wachsstifte. Das Bild soll aus der Erinnerung zusammengebaut werden. Das ist schwierig, es geht leichter, wenn vier Kinder zusammenhelfen. Eine derartige Erfahrung dient auch dazu, den Kindern klarzumachen, dass **Sehen** gelernt sein will.

Bild 2: Klee (vor oder während der Freiarbeit)

Wiederum sind aus der ersten, offenen Gesprächsrunde viele Beiträge der Kinder als **Impulse** für Wahrnehmungsübungen geeignet, die die Lehrerin/der Lehrer für alle Kinder eröffnet.

- Ist das gar keine Collage, wie wir sie machen? Warum denken manche so?
- Bemaltes Papier: Beschreibe, wie das aussieht! Wie wirken die Farben? Zeige darauf! (zarte, helle Farben überwiegen)
- Welche Formen findet ihr im Kunstwerk? Zählt sie auf und zeigt sie! Der Mathelehrer, was würde der sagen?
- Was vermutet ihr, was das darstellen soll? Sammeln und Begründen von Vorschlägen. Einen Titel erfinden ... Was sagt der Künstler? (Titel des Bildes nennen)

Tipp: Kleine handlungsorientierte Nachbereitung nach einer Pause. Eine Arbeit in Vierergruppen oder mit einem Partner:
Die Schülerinnen und Schüler erhalten verschiedene Papierformen (nur Dreiecke, nur Vierecke, nur Kreise oder eine Mischung) und den Auftrag, einen wunderschönen Teppich zu entwerfen, indem sie die Formen dicht aneinanderlegen. Diese flächige Rasterung dient auch als neuer Impuls für den gestalterischen Umgang mit der Papiercollage.

Phase 4

**Daraus wird ein Buch:
Ein Leporello, was ist das?**

Die dafür benötigten Papiere, Fotokarton oder starkes Zeichenblockpapier, DIN A2 oder DIN A3, sollten vorbereitet sein.

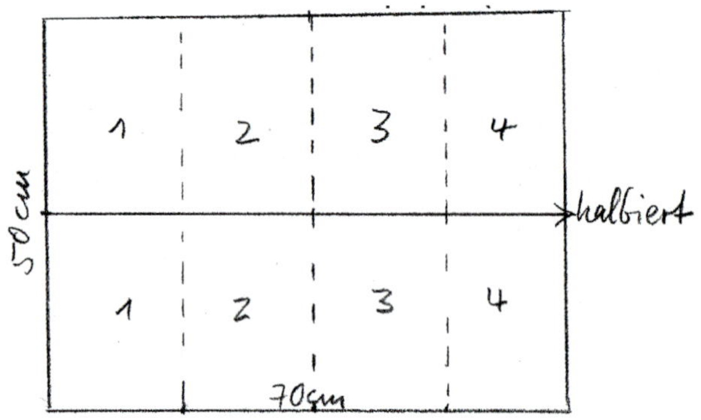

Skizze für Fotokarton
Das Falten übernimmt die Lehrerin/der Lehrer

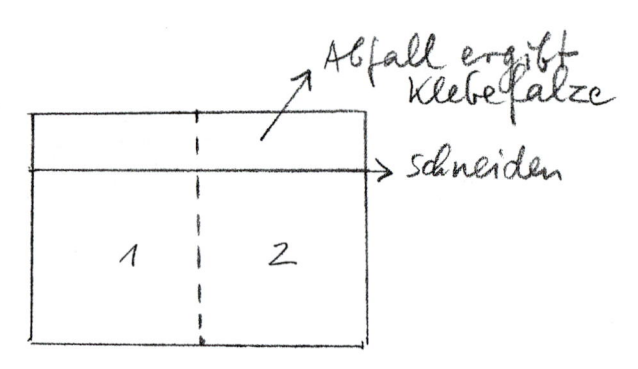

Für Zeichenblock (DIN A3)
Falten und kleben können die Kinder

Es ist ratsam, dass jedes Kind sein eigenes Leporello fertigt, um individuelles Arbeiten zu stärken und optimale Bedingungen für freies Weiterarbeiten zu ermöglichen. Alternativ wäre auch Partnerarbeit möglich oder die Erstellung eines Riesen-Klassenleporellos, an dem jedes Kind Anteil hat.
Bevor Sie ein leeres Leporello vorstellen, entscheiden Sie, welchen Typ Sie mit der Klasse umsetzen wollen. Es kann zwischen drei Alternativen gewählt werden:

A einteilig, mit Falzzugabe (21 cm x 21 cm + 1cm) aus Zeichenblockpapier DIN A3
B zweiteilig (quadratisch 21 cm x 21 cm) aus Zeichenblockpapier DIN A3
C vierteilig (Hochformat) aus weißem Fotokarton

Zum Arbeiten für die Kinder empfehlen sich die Einzelpapiere mit Falz oder Doppelpapiere. Es muss dabei zwar öfter geklebt werden, der Klebefalz sorgt aber auch für Stabilität.

Die Schülerinnen und Schüler sollten diese Anschauungsmedien genau studieren und die Machart erkennen und beschreiben.
Findet sich ein anderer Begriff? Ziehharmonikabuch … oder Faltbuch …?

Arbeitsschritt 1
Alle Kinder erhalten acht vorgeschnittene Papiere im quadratischen Format. Es empfiehlt sich, die Faltkanten vorzuritzen. Das Prinzip – halbieren und in Gegenrichtung falten – wird nochmals vorgeführt und die Blätter durchnummeriert. Die Blätter bitte noch nicht zusammenkleben!

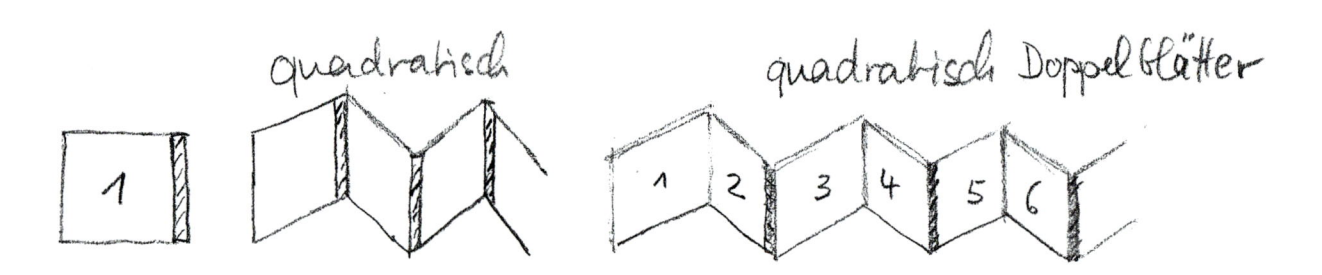

Phase 5

Textvorlage auf Leporello übertragen

Sie sollten vorab entscheiden, ob Sie den Text (wie im folgenden Beispiel) per Computer erfassen möchten (viele Schriften einschließlich Schreibschrift sind dabei möglich) und in dieser Form an die Kinder austeilen oder ob die Kinder die Textvorlage handschriftlich auf die einzelnen Blätter übertragen. In die zweite Möglichkeit wäre das Fach Deutsch mit dem Schwerpunkt Schreiben integriert.

Arbeitsschritt 2
Die Ausgangsgeschichte wird mit Medien wiederholt. Die einzelnen Textteile sind vergrößert auf Karten geklebt und werden mit den Schülerinnen und Schülern in richtiger Reihenfolge an eine durchs Klassenzimmer gespannte Schnur geheftet. Die ersten acht Karten bekommen die Nummern 1 bis 8.

Die Kinder arbeiten selbstständig oder in Partnerarbeit; sie schneiden die beiden ersten Textteile aus, nummerieren sie und legen sie neben die Blätter. Zuerst entsteht das passende Bild (kontrollieren!), dann wird der Textstreifen integriert. Würde der Text zuerst fixiert, wäre die bildnerische Darstellung eingeschränkt.

Arbeitsschritt 3
Nach einem zeitlichen Abstand wird die Arbeit wie folgt fortgesetzt: Nun werden die sechs weiteren Bilder der Geschichte mit offenem Schluss auf die Blätter übertragen. Die Geschichte kann in Einzelschritten umgesetzt werden, die bereits fixierten Übungen dürfen gerne zu Hilfe genommen werden. **Es ist wichtig, dass Bild und Text sich entsprechen!**
Das Legen und Probieren wird als besonders wichtig hervorgehoben. Prozess kommt vor Produkt! Die Klebestifte bleiben dabei zeitweise am Pult.

Tipp: Dazwischen eingeschobene Kunstbetrachtungen können neue Impulse vermitteln.

Die nun beginnende Einzelarbeit findet zunächst noch im Klassenverband statt, um die Kinder beratend begleiten zu können. Die Lehrerin/der Lehrer sollte dabei mehr und mehr auf eigene Ideen und Entscheidungen Wert legen und diese positiv verstärken.

Phase 6

Offene Freiarbeit

Spätestens nach Blatt 8 wird in die Freiarbeit übergeleitet. Es verbleiben also acht Rückseiten für die freie Gestaltung. Vielleicht möchten manche Kinder auch Texte einfügen. Voraussetzungen für die offene Freiarbeit sind:
- Die Kinder können auf einen vielfältigen Formenschatz zurückgreifen. Dieser kann durch selbstgefertigte Formen und andere Papiersorten ergänzt werden.
- Die „Regel" wird nochmals geklärt, Figuren und Ideen (Bauwerke, Gesichter …) aus den Probephasen werden ins Gedächtnis gerufen.

Tipp: Während der Freiarbeit geht die Lehrerin/der Lehrer von Kind zu Kind und hilft beim Zusammenkleben der Ziehharmonikateile.
Sind die Rückseiten gestaltet, kann das Leporello mit einem hübschen Band geschlossen werden. Es ist aber ebenso möglich, das Leporello für eine mögliche Fortsetzung offen zu lassen.

Zum guten Schluss: die Präsentation
Sind alle Leporellos fertiggestellt, eignet sich für eine erste Vorstellung ein „Museumsrundgang". Daran kann sich eine **Reflexion** anschließen: Was hat mich am meisten beeindruckt? Mit dieser indirekten Leistungsbewertung sollte die Lehrerin/der Lehrer feinfühlig umgehen, um kein Kind bloßzustellen.

Möchte die Klasse ihre Werke auch einem größeren Publikum präsentieren, wird ein geeigneter Anlass, beispielsweise ein Elternabend oder der Besuch der Parallelklasse gewählt. In die Überlegungen für eine Präsentation der Werke vor Gästen sollten die Kinder unbedingt mit einbezogen werden.

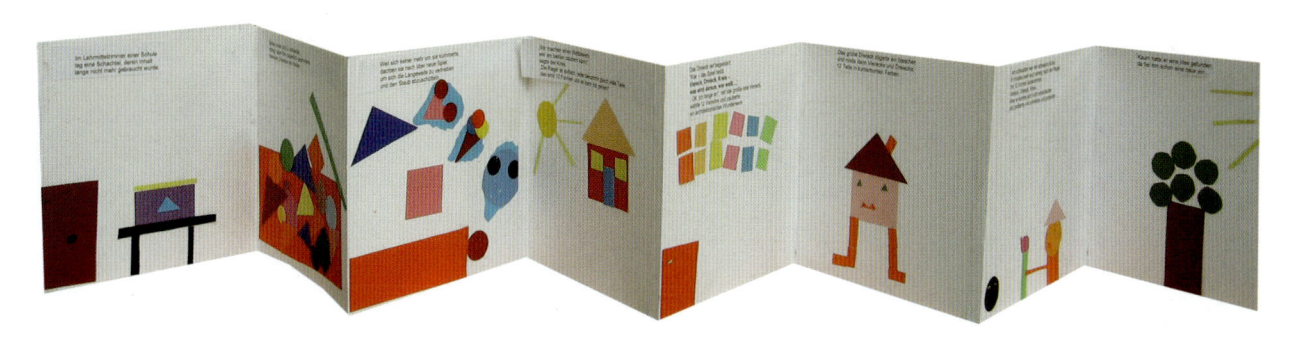

Sibylle Hirth-Schaudt: Das kreative Kunst-Portfolio für die Grundschule · 1./2. Klasse · Best.-Nr. 511
© Brigg Pädagogik Verlag GmbH, Augsburg

53

Literaturnachweis

Hermann Burkhardt, Hilleke Hüttenmeister, Damaris Scholler, Sibylle Hirth-Schaudt, Birgitt Spendler: Unterrichtsideen ANFANGSUNTERRICHT KUNST, 1. und 2. Schuljahr. Ernst Klett Schulbuchverlag GmbH, Stuttgart 1995

Martin Oswald, Kommentar in Kunst und Unterricht, Heft 265, September 2002, S. 4 ff.

Otto Martin: Vorbemerkungen zum Themenbereich Schrift. In: Kunst und Unterricht, 135, Friedrich-Verlag, Seelze 1989

Klaus Jürgen Maiwald: Wörter und Bilder, Bilder und Wörter. In: Kunst und Unterricht 182, Friedrich-Verlag, Seelze 1994

Helga Ott-Peerenboom, Karl Wünsch: Muster und Ornament. Ein Bilder- und Lehrbuch, Don Bosco Medien GmbH, München 1978

Pfennig, Reinhart: Gegenwart der Bildenden Kunst – Erziehung zum bildnerischen Denken, Oldenburg, 1970

Manfred Bofinger: Graf Tüpo, Lina Tschornaja und die anderen, Verlag der Sisyphos-Presse, Berlin, 1991

Bildnachweis

Robert Delauny: Joie de Vivre, 1930; S. 14

Wassily Kandinsky: Komposition VII, 1913, © VG Bild-Kunst, Bonn 2010; S. 18

Wassily Kandinsky: Dreizehn Rechtecke, 1930, © VG Bild-Kunst, Bonn 2010; S. 47

Paul Klee: Freundliches Spiel, 1933, 310, © VG Bild-Kunst, Bonn 2010; S. 48

Besser mit Brigg Pädagogik!
Kreative Kunstideen für Ihren Unterricht!

BRIGG Pädagogik VERLAG

Ursula Gareis

Das kreative Kunst-Portfolio für die Grundschule

3./4. Klasse

96 S., DIN A4, farbig
mit Kopiervorlagen
Best.-Nr. 675

Im zweiten Band der Reihe zeigt die Autorin anhand zahlreicher Schülerarbeiten, wie ein **themenzentriertes Vorgehen in der 3. und 4. Klasse** tiefgreifende ästhetische Erfahrungen mit Kopf, Herz und Hand ermöglicht, wobei die Lernprozesse besonders gewürdigt werden. Schritt für Schritt gestalten die Kinder über einen längeren Zeitraum ihr eigenes Portfolio, in dem alle Ergebnisse festgehalten werden. Sie experimentieren zeichnerisch mit Linien, gestalten fantasievolle Muster und erstellen ihr persönliches Farbenbuch.

Ursula Gareis

Kunstunterricht kreativ

Anregungen für die Praxis

Band 1 – 1./2. Klasse

84 S., DIN A4, farbig
mit Kopiervorlagen
Best.-Nr. 273

Kunst aus dem Leben gegriffen! Die **übersichtlichen Stundenbilder** mit genauen Gestaltungshinweisen und Angaben zum Materialbedarf erleichtern Ihnen den Unterricht.
Mit vielen Schülerarbeiten, fächerübergreifenden Querverweisen und Tipps für die individuelle Anpassung an Ihre Klassensituation!

Weitere Infos, Leseproben und Inhaltsverzeichnisse unter
www.brigg-paedagogik.de

Ursula Gareis

Kunstunterricht kreativ

Anregungen für die Praxis

Band 2 – 1./2. Klasse

88 S., DIN A4, farbig,
mit Kopiervorlagen
Best.-Nr. 279

59 weitere kreative und erprobte Gestaltungsvorschläge für den Kunstunterricht! Die übersichtlichen Stundenbilder mit Themen aus der Lebenswirklichkeit der Schüler nennen kurz den Gestaltungsanlass, die grundlegenden Verfahren, den Zeitaufwand, den Materialbedarf sowie genaue Gestaltungshinweise. Möglichkeiten zur Ausweitung des Themas werden aufgezeigt, ebenso Querverbindungen zu anderen Fächern. Hervorragend geeignet auch für fachfremd unterrichtende Lehrkräfte!

Serge Paolorsi/Alain Saey

Kunst-Rezepte für den Unterricht

73 kreative Arbeitsaufträge für Grundschulkinder

Band 1

168 S., DIN A4, farbig
Ideen für die Praxis
Best.-Nr. 412

73 Unterrichtsvorschläge in fünf verschiedenen Schwierigkeitsstufen für Kunst in der Grundschule! Dieser Band bietet **detaillierte, übersichtliche Arbeitsaufträge mit „Rezeptcharakter"**, die eine Vielzahl an Themen und Techniken abdecken. Die Materialien stehen im Allgemeinen bereits zur Verfügung (Bleistift, Zirkel, Lineal) oder sind günstig zu beschaffen.
Für Kunstversierte wie für fachfremd unterrichtende Lehrkräfte geeignet.

Bestellcoupon

Ja, bitte senden Sie mir / uns mit Rechnung

_____ Expl. Best.-Nr. _____

_____ Expl. Best.-Nr. _____

_____ Expl. Best.-Nr. _____

_____ Expl. Best.-Nr. _____

Meine Anschrift lautet:

Name / Vorname

Straße

PLZ / Ort

E-Mail

Datum/Unterschrift   Telefon (für Rückfragen)

Bitte kopieren und einsenden/faxen an:

**Brigg Pädagogik Verlag GmbH
zu Hd. Herrn Franz-Josef Büchler
Zusamstr. 5
86165 Augsburg**

☐ Ja, bitte schicken Sie mir Ihren Gesamtkatalog zu.

Bequem bestellen per Telefon / Fax:
Tel.: 0821 / 45 54 94-17
Fax: 0821 / 45 54 94-19
Online: www.brigg-paedagogik.de

Besser mit Brigg Pädagogik!
Praxiserprobte Anregungen für kreative Stunden!

Otto Heigold

Zeichnen zwischen 4 und 14

Eine phantasievolle Reise zum Bildplaneten

140 S., DIN A4, 292 Farbfotos
Ideen für die Praxis
Best.-Nr. 330

Zeichnen begreifbar machen, durch Denken, Erleben und Tun! Alle **Aufgabenbeispiele** sind sehr übersichtlich formuliert und nach dem gleichen Muster aufgebaut, mögliche Werkzeuge, Materialien und Arbeitsplätze anschaulich beschrieben. Die Aufgaben können problemlos in der Klasse umgesetzt werden, da alle Materialien sehr preisgünstig oder kostenlos verfügbar sind.

Marianne Richter

Werken fachübergreifend

88 S., DIN A4, farbig
Ideen für die Praxis
Best.-Nr. 286

Brigitte Wintergerst

Werken plus …

112 S., DIN A4, farbig
Ideen für die Praxis
Best.-Nr. 287

Diese beiden Handbücher beschreiben **über 80 Werkstücke** und viele Projekte in Wort und (Farb-)Bild. Mit **Experimentiervorschlägen**, **Schülerbeispielen** und zahlreichen **Ideen für die Praxis**. Beide Bände zeichnen sich durch ein breites Spektrum an didaktisch gehaltvollen und schülergemäßen Werkstücken aus, dargestellt in sehr **vielen informativen Farbabbildungen**. Es werden zahlreiche Möglichkeiten moderner, aktivierender Unterrichtsgestaltung aufgezeigt, z. B. fächerübergreifende Projekte, Erkundungen außerschulischer Lernorte, Experimente, Arbeitsblätter und Vorschläge für Lernstationen.

Weitere Infos, Leseproben und Inhaltsverzeichnisse unter
www.brigg-paedagogik.de

Joy Evans / Joe Ellen Moore

Kreatives Werken mit Papier

63 pfiffige Bastelideen mit großer Wirkung

80 S., DIN A4,
mit Kopiervorlagen
Best.-Nr. 357

Schnelle und einfach umzusetzende Bastelaufträge! Dieser Band enthält **Schritt-für-Schritt-Anleitungen** zum Gestalten von lustigen Hand- und Fingerpuppen aus Papier, genaue Angaben auf einen Blick zu den benötigten Materialien sowie Schablonen zum Kopieren, Ausmalen und Ausschneiden für die Kinder. Bereits für Kinder ab der 1. Klasse sehr gut geeignet!

Bestellcoupon

Ja, bitte senden Sie mir / uns mit Rechnung

_____ Expl. Best.-Nr. _____

_____ Expl. Best.-Nr. _____

_____ Expl. Best.-Nr. _____

_____ Expl. Best.-Nr. _____

Meine Anschrift lautet:

Name / Vorname

Straße

PLZ / Ort

E-Mail

Datum/Unterschrift   Telefon (für Rückfragen)

Bitte kopieren und einsenden/faxen an:

Brigg Pädagogik Verlag GmbH
zu Hd. Herrn Franz-Josef Büchler
Zusamstr. 5
86165 Augsburg

☐ Ja, bitte schicken Sie mir Ihren Gesamtkatalog zu.

Bequem bestellen per Telefon / Fax:
Tel.: 0821 / 45 54 94-17
Fax: 0821 / 45 54 94-19
Online: www.brigg-paedagogik.de